CB139460

MANUAL PRÁTICO DE AVALIAÇÃO E CONTROLE DE VIBRAÇÃO

— PPRA —

1ª edição — 2009
2ª edição — 2013
3ª edição — 2014
4ª edição — 2016
5ª edição — 2018

TUFFI MESSIAS SALIBA

Engenheiro Mecânico. Engenheiro de Segurança do Trabalho. Advogado. Mestre em meio ambiente. Ex-pesquisador da FUNDCACENTRO-MG. Ex-Professor dos cursos de Pós-Graduação de Engenharia de Segurança e Medicina do Trabalho. Diretor Técnico da ASTEC Ltda.

Colaboradoras

MÁRCIA ANGELIM CHAVES CORRÊA

Engenheira de Segurança do trabalho

MARIA BEATRIZ DE FREITAS LANZA

Engenheira de Segurança do Trabalho

MANUAL PRÁTICO DE AVALIAÇÃO E CONTROLE DE VIBRAÇÃO

— PPRA —

5ª edição

LTr®

LTr®

EDITORA LTDA.

© Todos os direitos reservados

Rua Jaguaribe, 571
CEP 01224-003
São Paulo, SP — Brasil
Fone (11) 2167-1101
www.ltr.com.br
Março, 2018

Versão impressa — LTr 5958.8 — ISBN 978-85-361-9564-3
Versão digital — LTr 9329.9 — ISBN 978-85-361-9587-2

Dados Internacionais de Catalogação na Publicação (CIP)
(Câmara Brasileira do Livro, SP, Brasil)

Saliba, Tuffi Messias
Manual prático de avaliação e controle de vibração : PPRA / Tuffi Messias Saliba ; colaboradoras Márcia Angelin Chaves Corrêa, Maria Beatriz de Freitas Lanza. — 5. ed. — São Paulo : LTr, 2018.

Bibliografia

1. Direito do trabalho 2. Programa de Prevenção de Riscos Ambientais 3. Vibração — Controle I. Corrêa, Márcia Angelin Chaves. II. Lanza, Maria Beatriz de Freitas. III. Título.

18-12751 CDU-34:331.471

Índice para catálogo sistemático:

1. Programa de Prevenção de Riscos Ambientais : Controle de vibração : Direito do trabalho 34:331.471

SUMÁRIO

PARTE I

PARTE II

CRITÉRIO LEGAL

PARTE III

VIBRAÇÃO DE CORPO INTEIRO

PARTE IV

VIBRAÇÃO LOCALIZADA EM MÃOS E BRAÇOS

PARTE V

INSTRUMENTOS DE MEDIÇÃO

PARTE VI

PROCEDIMENTOS DE AVALIAÇÃO

PARTE VII

AVALIAÇÃO DE VIBRAÇÃO PARA FINS DE CONFORTO

PARTE VIII

AVALIAÇÃO DE VIBRAÇÃO PARA FINS DE INSALUBRIDADE E APOSENTADORIA ESPECIAL

PARTE IX

MEDIDAS DE CONTROLE

APÊNDICES

PARTE I

1.1. Considerações

A exposição ocupacional à vibração não era tão estudada e avaliada quanto os outros agentes, devido ao alto custo da instrumentação e procedimentos técnicos de avaliação normalizados. Todavia, com a comercialização no país de instrumentação com preço mais acessível; normalização dos procedimentos de avalição pela FUNDACENTRO e alteração do anexo 8 da NR-15, as medições de vibrações tornaram-se frequentes.

A Convenção n.148 da OIT ratificada pelo Brasil e promulgada por meio do Decreto n. 93.413 de 15.10.86 determina que a legislação nacional deva dispor sobre a adoção de medidas no local de trabalho para prevenir e limitar os riscos profissionais à vibração e para proteger os trabalhadores contra tais riscos.

O Ministério do Trabalho e Emprego nas NR-15 e NR-09 trata desse fator de risco; entretanto, como veremos a NR-15, anexo 8, determinava que a avaliação da exposição ocupacional de vibração deveria ser feita com base nas normas ISO 2631:1997 e 5349 e suas substitutas. Considerando que essas normas não estabeleciam limites certos e determinados, os profissionais da área encontravam muita dificuldade no procedimento de avaliação e interpretação correta da caracterização do risco de exposição ocupacional a esse agente. Assim, ao estabelecer essa regra, o MTE deveria ter, no mínimo, disponibilizado essas normas, mesmo que de forma simplificada, para os profissionais. No ano de 2012, a FUNDACENTRO editou a NHO 09 — Avaliação ocupacional a vibrações de corpo inteiro e NHO 10 — Avaliação da exposição ocupacional a vibrações em mãos e braços. Essas normas contribuíram muito para a avaliação ocupacional de vibração. Recentemente, a Portaria n. 1.297 de 13.08.14 do MTE deu nova redação ao anexo 8 da NR-15, incluindo os limites de exposição ocupacional para vibração de corpo inteiro e mãos e braços. Ao regulamentar a matéria, o poder público dirimiu as dúvidas e interpretações equivocadas especialmente na aplicação dos limites de exposição.

Em razão da dificuldade dos profissionais em aplicar os critérios de avaliação das normas ISO citadas anteriormente e o alto custo da instrumentação, algumas vezes, a exposição à vibração era omitida no PPRA, PCMSO, PPP e outros documentos. Essa omissão prejudicava o trabalhador, especialmente, nos processos administrativos e judicias de aposentadoria especial. Com a alteração do anexo 8 da NR-15, não há razão para omitir esse agente nos referidos documentos. Aliás, a nova regulamentação incluiu o anexo I no PPRA determinando a análise preliminar da exposição à vibração e as medidas de controle.

Para o higienista Irlon Cunha, "a ausência de quaisquer abordagens em relação à exposição dos trabalhadores à vibração, conforme verificado junto às empresas avaliadas e seus respectivos PPRAs, indica a necessidade de intervenção por parte dos diversos fatores que atuam no âmbito dessas empresas de forma a dar visibilidade ao agente e promover à sua prevenção e controle. Do ponto de vista legal, o agente deveria ser abordado nos PPRAs. A sua ausência resulta em falha grave no processo de reconhecimento do risco"[(1)].

Esse manual visa a fornecer orientações básicas e práticas na avaliação ocupacional e controle da vibração, analisando a metodologia e o critério de avaliação das normas ISO mencionadas na NR-15, bem como as normas NHO 09 e 10.

1.2. Definições e parâmetros utilizados

A vibração é um movimento oscilatório de um corpo provocado por causa de forças desequilibradas de componentes rotativos e movimentos alternados de uma máquina ou equipamento. Se o corpo vibra, descreve um movimento oscilatório e periódico, envolvendo deslocamento num tempo. Teremos, então, envolvida no movimento, uma velocidade, aceleração e frequência (número de ciclos completos/minuto). Desse modo, na avaliação da exposição a esse agente, é necessário coletar informações desses parâmetros, especialmente da aceleração e frequência da vibração.

---

(1) CUNHA, Irlon Ângelo da. São Paulo. Tese (doutorado) Escola Politécnica da Universidade de São Paulo — Departamento de Engenharia de Minas e de Petróleo — São Paulo, 2006. p. 139.

A Convenção 148 da OIT estabelece que o termo "vibração" compreende toda vibração transmitida ao organismo humano por estruturas sólidas e que seja nociva à saúde ou contenha qualquer outro tipo de perigo.

1.2.1. Classificação das vibrações

— Vibração ocupacional de corpo inteiro

São vibrações transmitidas ao corpo como um todo, geralmente por meio da superfície de suporte, tal como pé, costas, nádegas de um homem sentado ou na área de suporte de uma pessoa reclinada, como: caminhão, trator, empilhadeira, ônibus, trem, entre outros. Os operadores desses equipamentos recebem a vibração em todo o corpo transmitida pelo assento.

— Vibração ocupacional mão e braço ou localizada

São vibrações que atingem certas partes do corpo, principalmente mãos, braços e outros. Como os sistemas corpo inteiro e braços/mãos são mecanicamente diferentes, deverão ser estudados separadamente, como: operador de martelete pneumático, operador de lixadeira, operador de motosserra, entre outros.

— Vibração para fins de conforto

Em certas atividades, a vibração pode causar desconforto intolerável em uma situação, ser agradável ou desejada em outras. Logo, os valores de conforto dependem de vários fatores, alguns até subjetivos. Desse modo, a ISO 2.631 não estabelece limite para o conforto, limitando-se apenas a indicar valores de acelerações em que as reações das pessoas são prováveis. Exemplo: viagem em veículos.

— Vibração para fins de conforto da comunidade (meio ambiente)

São as vibrações capazes de provocar desconforto e perturbação do sossego público, como: aquelas percebidas em estruturas de prédios devido a fontes externas. A norma ISO 2631-2:2003 estabelece critério de exposição humana a vibração de corpo inteiro e choque em edifícios referentes ao conforto e perturbação de seus ocupantes.

— Vibração de máquinas

São as vibrações produzidas pelas máquinas que podem indicar problemas de manutenção. Assim, os técnicos de manutenção preditiva devem medir a vibração e comparar os valores com as normas técnicas pertinentes.

Na avaliação ocupacional da vibração, vários fatores influenciam na caracterização do risco, entre os quais destacamos:

— intensidade;

— frequência;

— direção da vibração;

— tempo de exposição, entre outros.

1.2.2. Intensidade de vibração — Aceleração

Como a vibração é um movimento oscilatório, para sua quantificação são utilizados os parâmetros deslocamento, velocidade e aceleração. Na higiene ocupacional, normalmente a avaliação da vibração é feita por meio da aceleração do movimento em m/s^2 ou em dB. O nível de aceleração da vibração r.m.s. (raiz média quadrática) em decibel é calculado de acordo com a fórmula **1**.

$$NA = 20 \log \frac{A}{A_0} \quad 120\ dB \qquad \textbf{(1)}$$

Sendo:

A — Aceleração

A_o — Nível de aceleração de referência igual a 10^{-6} m/s^2

Exemplo:

Um medidor de vibração registra aceleração de 1,0 m/s^2, o valor em dB é igual a:

$$NA = 20 \log \frac{1}{10^{-6}} = 120\ dB \qquad \textbf{(2)}$$

A tabela a seguir mostra a correspondência entre alguns valores de aceleração em m/s^2 e dB

Aceleração em m/s²	Aceleração em dB
1,0	120
10	140
0,5	113,9
0,1	100
0,78	117,8

1.2.3. Aceleração r.m.s. (raiz média quadrática)

Os principais parâmetros relacionados com a amplitude da vibração são: o valor do pico, pico a pico e o valor r.m.s. O valor de pico representa a aceleração máxima do pico num intervalo de tempo geralmente de 1 segundo. Já o valor pico a pico representa a distância do valor máximo e mínimo. O valor r.m.s. é mais importante na medida da amplitude e representa a média da energia do movimento vibratório. A Figura 1 ilustra os três parâmetros num movimento vibratório.

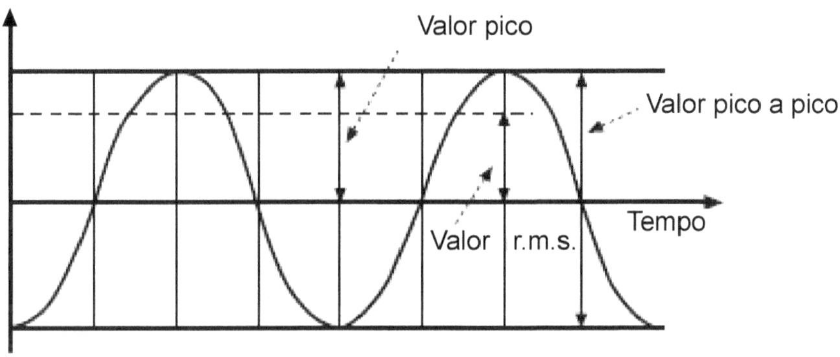

Figura 1 — Principais parâmetros relacionados com a amplitude da vibração

De acordo com a norma ISO 2631-1:1997, na avaliação da vibração utiliza-se o valor aceleração ponderada r.m.s ou valor eficaz, definido de acordo com a equação:

$$a_w = \sqrt{\frac{1}{T}\int_0^T a_W^2(t)\,dt} \qquad \textbf{(3)}$$

Onde:

$a_w(t)$ — valor da aceleração ponderada na frequência em m/s^2

t — tempo de duração da medição, em segundos

A ponderação nas frequências será examinada com mais detalhes nos itens 3.3 e 3.4.

1.2.4. Frequência

A frequência de um movimento oscilatório é definida pela relação do número de vibrações e pelo tempo de duração em segundos. Essa frequência, vibrações por segundo, é expressa na unidade Hertz ou Hz.

A vibração consiste em movimento inerente aos corpos dotados de massa e elasticidade. O corpo humano possui uma vibração natural. Se uma frequência externa coincide com a frequência natural do sistema, ocorre a ressonância, que implica na amplificação do movimento. A energia vibratória é absorvida pelo corpo, como consequência da atenuação promovida pelos tecidos e órgãos[2]. O corpo humano possui diferentes frequências de ressonância, ou seja, cada parte do corpo tem maior sensibilidade a uma determinada frequência, conforme figuras 2 e 3 a seguir:

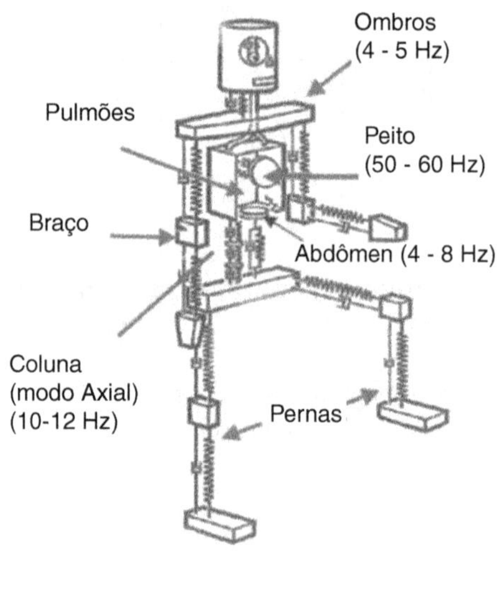

Figura 2 — Corpo inteiro — Modelo mecânico

Fonte: Bruel & Kjaer

---

(2) VENDRAME, Antônio Carlos. *Vibrações Ocupacionais.*

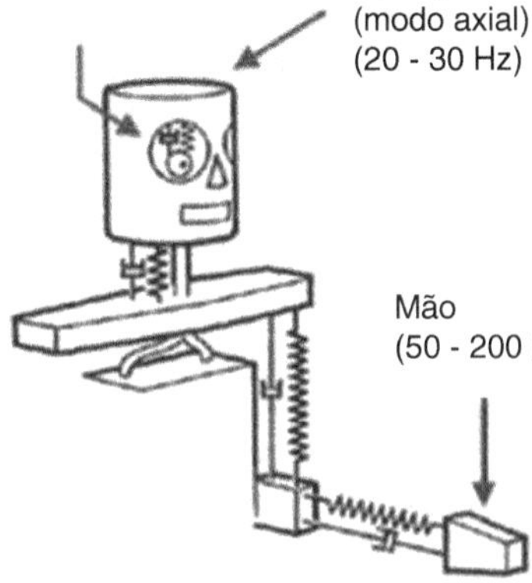

Figura 3 — Mão e braço — Modelo mecânico

Fonte: Bruel & Kjaer

1.2.5. Banda de frequência em terça de oitava

É o intervalo entre dois tons (frequência central) de forma que a relação entre elas é igual a $2^{1/3}$ (terça de oitava). Exemplos: a magnitude das acelerações será determinada nas seguintes frequências centrais — 1,0Hz, 1,25Hz, 1,6Hz, 2,0Hz, 2,5Hz, 3,15Hz, 4,0Hz, 5,0Hz, 6,3Hz, 8,0Hz, 10,0Hz, 12,5Hz, 16,0Hz, 20Hz, 25Hz, 31,5Hz. Em geral, a avaliação da vibração ocupacional é feita nas frequências de terça de oitava.

1.2.6. Aceleração ponderada nas frequências

A resposta da sensibilidade humana às vibrações é diferente nas frequências. Desse modo, na avaliação ocupacional, os valores das acelerações são ponderados ou corrigidos em função dessa resposta em cada frequência. Na avaliação ocupacional, as acelerações ponderadas nas frequências são indicadas em função dos eixos x, y e z e o tipo de vibração, conforme mostra a tabela a seguir.

Ponderação nas frequências	Aplicação
w_h	Ponderação de mão e braço nos eixos X, Y e Z
w_k	Ponderação de corpo inteiro no eixo Z
w_d	Ponderação de corpo inteiro nos eixos X e Y

As curvas e as tabelas com os fatores de ponderação para vibração de corpo inteiro e mão e braço encontram-se nos itens 3.3 e 3.4.

1.2.7. Máximo Valor de Vibração — MTV

É o valor máximo da aceleração de vibração transiliente definida como:

$MTV = \max [aw\,(T_0)]$ **(4)**

a_w = é o maior valor da aceleração ponderada lida durante o período da medição

É recomendado usar o T = 1 segundo na medição MTV, que corresponde a uma constante no tempo de integração *slow* nos medidores de nível de pressão sonora.

1.2.8. Fator de crista

É definido como a relação entre o máximo valor de pico instantâneo e a aceleração ponderada r.m.s., medida na mesma direção, em um período de 1 minuto, para qualquer um dos eixos ortogonais X, Y e Z. Quando o fator de crista for igual ou inferior a 9, o método de avaliação básico é suficiente para a avaliação ocupacional da vibração de corpo inteiro (ISO 2631:1997).

Quando o fator de crista for superior a 9, deve-se considerar o Valor Dose de Vibração — VDV, de acordo com a norma ISO 2631-1:1997 como método adicional de avaliação.

De acordo com a NHO-09, item 6.3.6.3 e o anexo 8 da NR-15, o Valor Dose de Vibração — VDV, por conduta preventiva, deverá ser determinado em todas as avaliações.

1.2.9. Aceleração total ou soma resultante dos eixos

Os valores de aceleração obtidos nos três eixos podem ser somados de forma a se obter aceleração total ou resultante para corpo inteiro **5**:

$$A_t = \sqrt{k_x^2 a_{wx}^2 + k_y^2 a_{wy}^2 + k_z^2 a_{wz}^2} \quad \textbf{(5)}$$

Onde:

a_{wx}, a_{wy}, a_{wz} — acelerações r.m.s ponderadas como os respectivos eixos ortogonais x,y e z.

k_x, k_y, k_z — fatores de multiplicação dos respectivos eixos ortogonais x, y e z.

Na vibração de corpo inteiro para fins de saúde, os valores de k_x, k_y, e k_z são iguais a 1,4; 1,4 e 1, respectivamente, para pessoas sentadas. Esse fator 1,4 é a razão entre o valor longitudinal e os transversais da curva de igual resposta, nas faixas de maior sensibilidade de resposta humana.

Na avaliação para fins de conforto e percepção, os fatores são específicos para cada posição, conforme determina a norma ISO 2631 mostrada na Parte VII.

Na vibração localizada, a aceleração total ou soma dos eixos ortogonais x, y e z é a seguinte:

$$A_t = \sqrt{a_{whx}^2 + a_{why}^2 + a_{whz}^2} \quad \textbf{(6)}$$

1.2.10. Aceleração equivalente ponderada

Quando a exposição à vibração é diferente em dois ou mais períodos da jornada, deve ser considerada a aceleração equivalente ou aceleração resultante de exposição — are (FUNDACENTRO, 2012), conforme fórmula a seguir:

$$\text{AEQ ou are} = \sqrt{\frac{a_1^2 t_1 + a_2^2 t_2 + \ldots a_n^2 t_n}{t_1 + t_2 + \ldots t_n}} \quad \textbf{(7)}$$

Sendo:

AEQ — Aceleração Equivalente

a_n — valor da vibração obtida

t_n — tempo de exposição a aceleração obtida a_n

AEQ ou are — aceleração média resultante representativa da exposição ocupacional diária, considerando os três eixos ortogonais e diversos componentes de exposição identificadas (FUNDACENTRO, 2012).

Exemplo: um operador de equipamento fica exposto à vibração de corpo inteiro conforme seguinte situação:

aw_k **(m/s²) eixo Z***	**Tempo (min)**	**Situação**
0,14	60	Marcha lenta
0,99	360	Velocidade de 80 km/h
—	—	Sem exposição à vibração

A vibração equivalente é igual a:

$$AEQ = \sqrt{\frac{(0{,}14^2 . 60) + (0{,}99^2 . 360)}{420}} = 0{,}91 \text{ m/s}^2$$

* Nota: considerando a aceleração do maior eixo conforme ISO 2631 — 1:1997 (alterada em 2010 item 7.2.4, p.13).

1.2.11. Aceleração normalizada para jornada

A aceleração normalizada para jornada ou aceleração resultante de exposição normalizada (NHO 09) é dada pela equação:

$$A(8) \text{ ou aren} = AEQ\sqrt{\frac{T}{T_0}} \qquad \textbf{(8)}$$

Sendo:

T — corresponde à duração total diária de exposição

T_0 — corresponde à duração de 8 horas ou 480 minutos (jornada normal)

Assim, para jornada diária normal, o cálculo da aceleração normalizada é igual a:

$$A(8) \text{ ou aren} = AEQ \sqrt{\frac{T}{8}} \text{ ou } \sqrt{\frac{T}{480}} \qquad \textbf{(9)}$$

Segundo a NHO 09 da FUNDACENTRO, a aceleração resultante de exposição normalizada(aren), corresponde à aceleração resultante da exposição(are) convertida para uma jornada diária padrão de oito horas.

Considerando os valores de AEQ e tempo de exposição do exemplo anterior (7,0 horas), para jornada de trabalho de 8,0 horas, teremos:

$$A(8) = 0{,}91 \sqrt{\frac{7}{8}} = 0{,}85 \text{ m/s}^2$$

1.2.12. Grupo homogêneo de exposição

O grupo homogêneo de exposição (GHE) ou grupo de exposição similar (GES) corresponde a um grupo de trabalhadores que experimentam exposição semelhante, de forma que o resultado fornecido pela avaliação da exposição de qualquer trabalhador do grupo seja representativo da exposição dos demais trabalhadores do mesmo grupo. (NHO-09 da FUNDACENTRO).

1.2.13. Ciclo de trabalho

É o intervalo de tempo em que o trabalhador fica exposto à vibração durante a jornada de trabalho. Exemplo: percurso de um caminhão da frente de lavra até a britagem, e vice-versa.

PARTE II

CRITÉRIO LEGAL

2.1. Critério NR-15

A Portaria n. 1.297 de 13.08.14 do MTE deu nova redação ao anexo 8 da NR-15, conforme anexo II a seguir:

ANEXO 8 — Vibração

Sumário:

1. Objetivos

2. Caracterização e classificação da insalubridade

1. Objetivos

1.1 Estabelecer critérios para caracterização da condição de trabalho insalubre decorrente da exposição às Vibrações de Mãos e Braços (VMB) e Vibrações de Corpo Inteiro (VCI).

1.2 Os procedimentos técnicos para a avaliação quantitativa das VCI e VMB são os estabelecidos nas Normas de Higiene Ocupacional da FUNDACENTRO.

2. Caracterização e classificação da insalubridade

2.1 Caracteriza-se a condição insalubre caso seja superado o limite de exposição ocupacional diária a VMB correspondente a um valor de aceleração resultante de exposição normalizada (aren) de 5 m/s^2.

2.2 Caracteriza-se a condição insalubre caso sejam superados quaisquer dos limites de exposição ocupacional diária a VCI:

a) valor da aceleração resultante de exposição normalizada (aren) de 1,1 m/s^2;

b) valor da dose de vibração resultante (VDVR) de 21,0 $m/s^{1,75}$.

2.2.1 Para fins de caracterização da condição insalubre, o empregador deve comprovar a avaliação dos dois parâmetros acima descritos.

2.3 As situações de exposição a VMB e VCI superiores aos limites de exposição ocupacional são caracterizadas como insalubres em grau médio.

2.4 A avaliação quantitativa deve ser representativa da exposição, abrangendo aspectos organizacionais e ambientais que envolvam o trabalhador no exercício de suas funções.

2.5 A caracterização da exposição deve ser objeto de laudo técnico que contemple, no mínimo, os seguintes itens:

a) Objetivo e datas em que foram desenvolvidos os procedimentos;

b) Descrição e resultado da avaliação preliminar da exposição, realizada de acordo com o item 3 do Anexo 1 da NR-9 do MTE;

c) Metodologia e critérios empregados, inclusas a caracterização da exposição e representatividade da amostragem;

d) Instrumentais utilizados, bem como o registro dos certificados de calibração;

e) Dados obtidos e respectiva interpretação;

f) Circunstâncias específicas que envolveram a avaliação;

g) Descrição das medidas preventivas e corretivas eventualmente existentes e indicação das necessárias, bem como a comprovação de sua eficácia;

h) Conclusão.

A regulamentação do MTE estabeleceu limites de exposição ocupacional diária para vibração de corpo inteiro e mãos e braços, e determina que os procedimentos de avaliação quantitativa sejam de acordo com as normas da FUNDACENTRO, ou seja, NHO-9 e 10. A norma estabelece também os itens que devem conter no laudo técnico, incluindo a avaliação preliminar de acordo com o anexo I da NR-9. Os limites de exposição ocupacional diário serão analisados posteriormente.

2.2. Outras normas legais sobre vibração

Dentre outras normas legais sobre vibração, destacam-se: o Decreto n. 3.048/99, anexo IV, que menciona o agente vibração como ensejador do direito à aposentadoria especial de 25 anos, sendo o critério de caracterização idêntico ao anexo 8 da referida norma, conforme as Instruções Normativas da Previdência, e estabelece ainda a aposentadoria especial para o trabalho com perfuratrizes e marteletes pneumáticos (*vide* apêndice IV). Já o anexo II desse decreto menciona o nexo técnico de danos à saúde e a exposição ocupacional à vibração. Outro dispositivo legal que aborda a matéria é a NR-9, no seu subitem 9.1.5, ou seja, a exposição à vibração é considerada como agente físico para fins de aplicação do PPRA. Além disso, o anexo I da NR-9 estabelece a análise preliminar da exposição as vibrações e as medidas de controle. Cabe destacar também que a NR-12, anexo V, exige que os fabricantes e importadores de motosserras e similares devem informar, nos catálogos e manuais de instruções de todos os modelos, os níveis de ruído e vibração e a metodologia utilizada para a referida aferição.

Outro ponto importante a ser destacado é a Convenção 148 da OIT (Organização Internacional do Trabalho) ratificada pelo Brasil e promulgada por meio do Decreto n. 93.413 de 15.10.86. Dentre as disposições dessa convenção, vale destacar o art. 8, que dispõe:

> 1. A autoridade competente deverá estabelecer os critérios que permitam os riscos da exposição à contaminação do ar, ao ruído e às vibrações no local de trabalho, e a fixar, quando cabível, com base em tais critérios, os limites de exposição.
>
> 2. Ao elaborar os critérios e ao determinar os limites de exposição, a autoridade competente deverá tomar em consideração a opinião de pessoas tecnicamente qualificadas, designadas pelas organizações interessadas mais representativas de empregadores e de trabalhadores.
>
> 3. Os critérios e limites de exposição deverão ser fixados, completados e revisados a intervalos regulares, de conformidade com os novos conhecimentos e dados nacionais e internacionais, e tendo em conta, na medida do possível, qualquer aumento dos riscos profissionais resultantes da exposição simultânea a vários fatores nocivos no local de trabalho.

PARTE III

VIBRAÇÃO DE CORPO INTEIRO

Como comentado anteriormente, a vibração de corpo inteiro ocorre em diversos postos de trabalho, especialmente em veículos. Em geral, esse tipo de vibração é mais estudado em atividades que o trabalhador executa sentado, no entanto, a exposição em outras posições (em pé e deitado) também devem ser analisadas. Dentre as atividades passíveis de expor o trabalhador à vibração de corpo inteiro, destacam-se: caminhões, tratores, trens, plataformas, entre outros.

3.1. Direção da vibração

As vibrações retilíneas transmitidas ao ser humano devem ser medidas nas direções corretas de um sistema ortogonal de coordenadas que tenham sua origem na posição do coração, conforme o esquema da Figura 4:

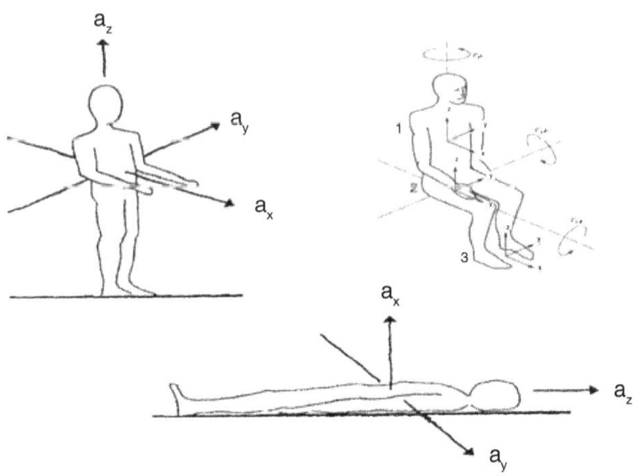

Figura 4 — Direção da vibração

Fonte: ISO 2631:1-1997/alteração 2010

Eixo x — direção do espaço ao peito.

Eixo y — direção do lado direito ao esquerdo.

Eixo z — direção dos pés até a cabeça.

A terminologia comumente usada em biodinâmica relaciona o sistema de coordenadas ao esqueleto humano, numa posição anatômica normal. As acelerações (movimento) no eixo do pé (ou das nádegas) para a cabeça (ou longitudinal) são designadas a_z; a aceleração no eixo antes e depois (anteroposterior ou peito-costa), a_x; e no eixo lateral (esquerda para direita), a_y. As vibrações angulares (ou rotacionais) sobre um centro de rotação são partes importantes de um ambiente vibratório, tais como tratores, avião em turbulência, que podem ser mais perturbadores que as vibrações retilíneas acima e abaixo. Entretanto, poucas informações sobre os efeitos das vibrações angulares (ou rotacionais) estão disponíveis. Assim, segundo a ISO, sempre que possível, as vibrações rotacionais que ocorrem em giro e guinada devem ser medidas e reportadas com a finalidade de aumentar nosso conhecimento sobre a resposta humana a essas excitações.

3.2. Efeitos sobre a saúde

Os estudos epidemiológicos indicam que existe risco elevado para coluna vertebral dos trabalhadores expostos por vários anos a intensas vibrações de corpo inteiro, além de provocar incômodos lombares. Como consequência, pode produzir alteração degenerativa primária das vértebras e dos discos intervertebrais. Os estudos constataram que a parte lombar é afetada com maior frequência seguida da região torácica.

Vários autores relataram em seus estudos que grande proporção dos danos da região cervical parece ter sido causada por postura fixa desfavorável e não pela vibração, no entanto, não houve comprovação conclusiva dessa hipótese.

Alguns estudos detectaram um risco sensivelmente maior de deslocamento dos discos lombares nos indivíduos expostos à vibração[(3)] (OIT).

---

(3) OIT. *Enciclopédia de saúde e segurança no trabalho*. 4. ed. Genebra: OIT, 1998 [Versão em espanhol. Parte VI capítulo 50. p. 50,2 a 50,5 Vibraciones]. Disponível em: <http://www.insht.es/portal/site/Insht/;jsessionid>. Acesso em: 15.9.10.

A Norma ISO 2631:1997, em seu anexo B, menciona que o guia de efeitos da vibração sobre a saúde tomou como base estudos epidemiológicos que evidenciam elevado risco para a saúde em exposição à vibração de corpo inteiro intensa ao longo do tempo. Esses efeitos são, principalmente, na coluna, podendo afetar também o sistema nervoso.

3.3. Aceleração ponderada

a) Ponderação nas frequências — Norma ISO 2631/85

Na exposição a vibração de corpo inteiro, a resposta do organismo não é idêntica em todas as frequências. Ou seja, em determinadas frequências, a sensibilidade é maior. A vibração de corpo inteiro é avaliada na faixa de frequência de 1,0 a 80 Hz, sendo que a região de maior sensibilidade para o eixo Z é 4,0 a 8,0 Hz, enquanto para os eixos X e Y é de 1,0 a 2,0 Hz. Assim, o instrumento de medição deve fornecer a aceleração ponderada nas frequências, conforme determina a norma ISO.

Os fatores de ponderação nas frequências, de acordo com a norma ISO 2631 de 1985, estão na Tabela 1:

Tabela 1

Fatores relativos de ponderação para faixa de frequência

Frequência Hz	Fatores de ponderação para	
	Vibrações Longitudinais Z (Figura 1)	Vibrações Transversais X, Y (Figura 2)
1,0	0,50	1,00
1,25	0,56	1,00
1,6	0,63	1,00
2,0	0,71	1,00
2,5	0,80	0,80
3,15	0,90	0,63

Frequência Hz	Fatores de ponderação para	
	Vibrações Longitudinais Z (Figura 1)	Vibrações Transversais X, Y (Figura 2)
4,0	1,00	0,50
5,0	1,00	0,40
6,3	1,00	0,315
8,0	1,00	0,25
10,0	0,80	0,20
12,5	0,63	0,16
16,0	0,50	0,125
20,0	0,40	0,10
25	0,315	0,08
31,5	0,25	0,063
40	0,20	0,05
50	0,16	0,04
63	0,125	0,0315
80	0,10	0,025

Fonte: adaptado da ISO 2.631/85.

— 4 a 8 Hz no caso de ± a_z ressonância de vibração.

— 1 a 2 Hz no caso de ± a_y ou a_x ressonância de vibração.

O valor total de aceleração r.m.s ponderada para cada eixo pode ser calculado por equação específica, conforme será abordado posteriormente.

b) Ponderação nas frequências — Norma ISO 2631-1:1997

A norma ISO 2631-1:1997 estabelece a ponderação nas frequências em função da resposta da sensibilidade do corpo à vibração. Na avaliação ocupacional de corpo inteiro, a faixa de frequência considerada é de 0,5 Hz a 80 Hz e as ponderações são:

W_k — aceleração ponderada no eixo z.

W_d — aceleração ponderada nos eixos x e y.

Cabe ressaltar que a resposta do corpo humano à vibração não é linear em todas as frequências, por essa razão é necessário corrigir as respostas de sensibilidade nas diferentes frequências. Essas ponderações estão nas curvas da Figura 05, e os valores numéricos, na tabela a seguir.

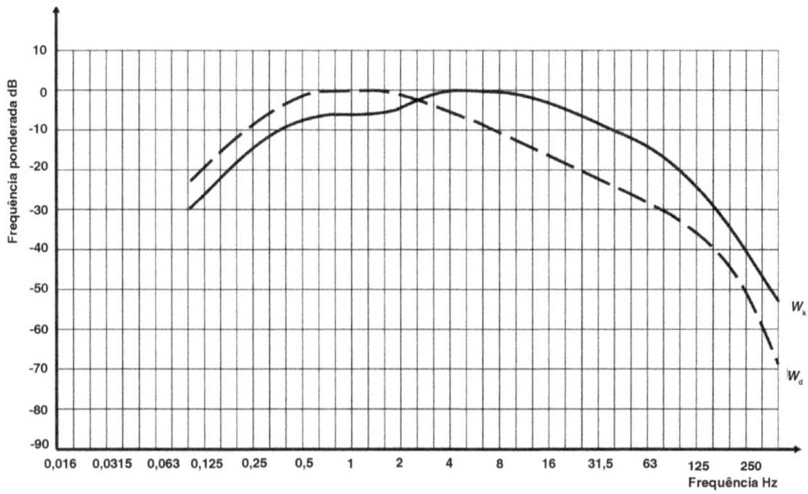

Figura 5 — Ponderações nas frequências

Fonte: ISO 2631-1:1997

Tabela 2

Frequência Hz	*Fatores de ponderação*	
	W_k	W_d
0,5	0,418	0,853
0,63	0,459	0,944
0,8	0,477	0,992
1,0	0,482	1,011
1,25	0,484	1,008
1,6	0,494	0,968
2,0	0,531	0,89
2,5	0,631	0,776
3,15	0,804	0,642

Frequência Hz	Fatores de ponderação	
	W_k	W_d
4,0	0,967	0,512
5,0	1,039	0,409
6,3	1,054	0,323
8,0	1,036	0,253
10,0	0,988	0,212
12,5	0,902	0,161
16,0	0,768	0,125
20,0	0,636	0,1
25,0	0,513	0,08
31,5	0,405	0,063
40,0	0,314	0,049
50,0	0,246	0,038
63,0	0,186	0,029
80,0	0,132	0,021

Nota: Segundo a norma ISO, a faixa de frequência recomendada é 1 a 80 Hz. A faixa de frequência abaixo a 1 Hz não são significativas para cálculo da aceleração ponderada.

Examinando a curva e a tabela de ponderação, verifica-se que a maior sensibilidade do corpo é nas frequências de 4,0 a 8,0 Hz no eixo z e de 1,0 a 2,0 Hz nos eixos x e y.

Deve-se salientar que o instrumento de medição adequado para avaliação ocupacional deve possuir ponderação nas frequências. Assim, aceleração ponderada global significa que esse valor foi corrigido (ponderado) de acordo com a sensibilidade de resposta do corpo nas diferentes frequências, conforme mostrado nas tabelas anteriores.

Existem instrumentos que possuem recursos para medir a intensidade de vibração nas respectivas frequências, normalmente, em terça de oitava. Nesse caso, com base nos valores de ponderações para cada frequência, constantes na Tabela 1 (Critério da ACGIH e ISO 2631/85) e Tabela 2 (critério ISO 2631-1 de 1997), calcula-se a aceleração ponderada global de acordo com a seguinte equação.

$$A_{eq} = \sqrt{\sum_{i=1}^{n} (a_i \cdot w_i)^2} \quad \textbf{(11)}$$

Sendo:

n — o número de banda de frequência

W_i — o fator de ponderação para cada banda de frequência conforme tabelas 1 e 2

a_i — a aceleração obtida em cada frequência

3.4. Avaliação ocupacional da vibração de corpo inteiro

3.4.1. Aceleração total ou vetor soma dos eixos

A aceleração total ou vetor soma é obtida por meio da seguinte equação:

$$At = \sqrt{k_x^2 a_{wx}^2 + k_y^2 a_{wy}^2 + k_z^2 a_{wz}^2} \quad \textbf{(12)}$$

Onde

a_{wx}, a_{wy}, a_{wz} — acelerações r.m.s ponderadas como os respectivos eixos ortogonais x,y e z

k_x, k_y, k_z — fatores de multiplicação dos respectivos eixos ortogonais x, y e z

Na vibração de corpo inteiro para fins de saúde, os valores de k_x, k_y e K_z são iguais a 1,4; 1,4 e 1, respectivamente, para pessoas sentadas. Esse fator 1,4 é a razão entre o valor longitudinal e os transversais da curva de igual resposta, nas faixas de maior sensibilidade de resposta humana. Substituindo os valores de k na equação 12, a aceleração resultando ou soma, na exposição a vibração de corpo inteiro, é igual a:

$$A_t = \sqrt{1{,}4^2 a_{wx}^2 + 1{,}4^2 a_{wy}^2 + a_{wz}^2} \quad \textbf{(13)}$$

O valor da aceleração vetor soma ou total A_T é maior que cada eixo isoladamente, portanto, mais rigoroso na avaliação do risco. Como visto anteriormente, a norma ISO 2631-1:1997 menciona que, na avaliação ocupacional da vibração, deve-se adotar a aceleração de maior intensidade dos três eixos. Em algumas situações, a soma dos eixos pode ser utilizada, como por exemplo, onde não há nenhuma aceleração predominante nos três eixos. No mesmo sentido, a Diretiva 2002/44/CE 25.6.02, anexo B, determina que na avaliação da vibração deve ser adotada a aceleração de maior intensidade dos três eixos. Já a NHO-09 da FUNDACENTRO é mais restritiva e recomenda o uso da aceleração total ou vetor soma dos três eixos. Assim como no anexo 8 da NR-15.

Cabe destacar que o instrumento de medição fornece os valores das acelerações ponderadas em cada eixo, bem como o vetor soma ou aceleração total calculada de acordo com a equação 12.

Exemplo:

Numa avaliação de exposição à vibração de um motorista de ônibus, foram obtidos os seguintes dados:

Aceleração ponderada m/s²		
a_{wx}	a_{wy}	a_{wz}
0,29	0,26	0,63

Cálculo da aceleração total (vetor soma):

$$A_t = \sqrt{1{,}4^2\ 0{,}29^2 + 1{,}4^2\ 0{,}26^2 + 0{,}63^2} = 0{,}83\ m/s^2 \qquad \textbf{(14)}$$

Portanto, a soma (A_t) é superior à aceleração de maior intensidade dos três eixos (0,63m/s²). Geralmente, na avaliação de vibração em trabalhador sentado, a aceleração do eixo z é predominante, isto é, de maior intensidade.

3.4.2. Aceleração equivalente e normalizada

Na avaliação ocupacional da vibração de corpo inteiro, se for adotada a aceleração de maior intensidade ou aceleração total ou soma, é necessário obter a aceleração equivalente, quando a exposição à vibração é diferente em dois ou mais períodos da jornada (norma ISO 2631-1:1997). O cálculo da aceleração equivalente, conforme fórmula a seguir:

$$AEQ = \sqrt[2]{\frac{a_1^2 t_1 + a_2^2 t_2 + \dots a_n^2 t_n}{t_1 + t_2 \dots t_n}}$$

Sendo:

AEQ — Aceleração Equivalente

an — valor da vibração obtida

tn — tempo de exposição a aceleração obtida an

Além disso, a norma ISO e a NHO-09 da FUNDACENTRO recomendam o cálculo da aceleração normalizada para jornada normal de 8 horas que é dada pela equação:

$$aren = are\sqrt{\frac{T}{T_0}}$$

Sendo:

T — corresponde à duração total diária

T_0 — corresponde à duração de 8 horas (jornada normal)

Na parte VI, é exemplificada a aplicação dos critérios de avaliação ocupacional de vibração de corpo inteiro.

3.4.3. Valor da Dose de Vibração — VDV

Em situações em que a vibração transmitida é de curta duração, como provocada por choques, o valor de aceleração pelo método básico pode subestimar a exposição. Quando o fator crista for maior que 9,0 (pico elevado), a norma ISO recomenda usar métodos adicionais com o uso da quarta potência, que é mais sensível aos picos do que o método básico. Assim, de acordo com a norma ISO 2631-1:1997, o Valor da Dose de Vibração (VDV), em $m/s^{1,75}$, é definido pela equação:

$$\boldsymbol{VDV} = \left\{ \int_0^T [a_W(t)]^4 \, dt \right\}^{\frac{1}{4}} \qquad \textbf{(15)}$$

Sendo: — VDV = é Valor da Dose de Vibração em $m/s^{1,75}$

aw (t) = aceleração ponderada instantânea

T = tempo de duração da medição, em segundos

Quando a exposição à vibração ocorrer em dois ou mais períodos a diferentes magnitudes de vibração, deve ser calculado o Valor da Dose de Vibração (VDV) total ou equivalente, na quarta potência, conforme equação:

$$VDV_{total} = \sqrt[4]{\sum VDV_i^4} \qquad \textbf{(16)}$$

ou

$$VDV_{total} = \sqrt[4]{VDV_1^4 + VDV_2^4 + VDV_3^4 + \ldots VDV_n^4} \qquad \textbf{(17)}$$

A zona de precaução dos efeitos da vibração sobre a saúde, corresponde às doses de vibração (VDV) entre 8,5 a 17,0 (figura B.1,equação B.2). Assim, com a dose de vibração (VDV) acima de 17,0, significa que os riscos à saúde são prováveis.

3.4.4. Limites de exposição ocupacional

a) Critério da norma ISO 2631-1:1997

A norma ISO 2631-1:1997 substituiu o método detalhado (análise de frequência) pelo método simplificado, isto é, a determinação da exposição à vibração poderá ser feita por meio de um valor único de aceleração obtido nos eixos x, y e z. Segundo a norma ISO, o valor da aceleração global ponderado é uma aproximação do critério de exposição. No entanto, para a maioria dos casos práticos, a diferença entre o método ponderado e o detalhado com a análise de frequência em banda de terça de oitava é pequena.

A norma ISO 2631-1:1997 não define um limite de tolerância para vibração de corpo inteiro, fornecendo, em seu anexo B, um guia com as zonas de precaução dos efeitos da vibração sobre a saúde em função da aceleração ponderada nas frequências e a duração da exposição, conforme Figura B.1.

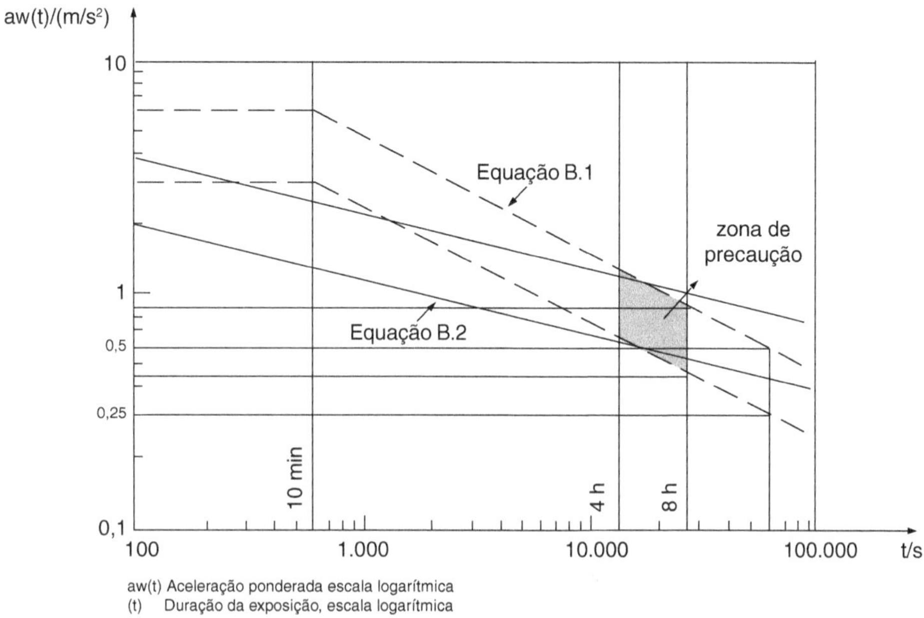

Figura B.1 — Guia das zonas de precaução da saúde

Fonte: norma ISO 2631-1:1997/Alt.1:2010(E)

Segundo norma ISO 2631-1:1997, abaixo da zona de precaução, os efeitos à saúde não têm sido claramente documentados; dentro da zona de precaução, deve-se ter cautela em relação aos riscos potenciais à saúde; acima dessa zona, os riscos à saúde são prováveis.

Em 2010, com a alteração da norma ISO 2631, os valores que delimitam a zona de precaução, nas linhas tracejadas (equação B.1), são 3,0m/s² e 6,0 m/s² para exposição de menos de 10 minutos e 0,25m/s² e 0,5m/s² para 24 horas. Com esses dados fornecidos, pode-se obter o valor exato das acelerações que delimitam a zona de precaução na equação B.1, para oito horas de exposição. De acordo com a norma ISO 2631-1:1997, a equação B.1, 2ª potência, é expressa da seguinte forma:

$$a_{w1} \cdot T^{1/2} = a_{w2} T_2^{1/2} \text{ ou } a_{w1} \cdot \sqrt{T_1} = a_{w2} \cdot \sqrt{T_2}$$

Onde:

a_w — acelerações ponderadas r.m.s

T — duração da exposição correspondentes

Considerando-se o valor da aceleração de 0,25m/s² e duração de 24 horas, para 8 horas, o valor da aceleração é igual a:

$$0{,}25\ \sqrt{24} = a(8)\ \sqrt{8}$$

$$a(8) = \frac{0{,}25\ \sqrt{24}}{\sqrt{8}} = 0{,}43\ m/s^2$$

Para o valor de aceleração de 0,5m/s² e duração de 24 horas, aplica-se a mesma equação e obtém-se o seguinte valor para a(8):

$$a(8) = \frac{0{,}50\ \sqrt{24}}{\sqrt{8}} = 0{,}86\ m/s^2$$

Portanto, para oito horas de exposição, a zona de precaução está contida entre os valores de aceleração de 0,43 e 0,86m/s². Assim, valor de aceleração ponderada A(8) acima de 0,43 m/s² significa cautela em relação ao risco potencial à saúde, enquanto que, no valor acima de 0,86 m/s², os riscos à saúde são prováveis.

b) Valor da aceleração a ser comparado com o limite

— A norma ISO 2631 determina que a aceleração ponderada nas frequências deve ser medida em cada um dos eixos (x,y e z) da vibração translacional na superfície que suporta o indivíduo (Norma ISO 2631-1:1997, item 7.2.1, p.13).

— A avaliação do efeito da vibração sobre a saúde deve ser feita independente em cada eixo, devendo ser considerado o maior valor das acelerações ponderadas nas frequências medidas nos três eixos do assento (Norma ISO 2631-1:1997alterada em 2010 item 7.2.4, p. 13).

— No item 7.2.4, a norma ISO 2631, alterada em 2010, menciona a seguinte observação: "*Quando a vibração de dois ou mais eixos for comparável, o vetor soma algumas vezes é utilizado para estimar o risco à saúde*". Entretanto, a referida norma ressalva que a maior parte da orientação do guia à saúde foi baseada em dados disponíveis nas pesquisas sobre a resposta humana da aceleração do eixo z com as pessoas sentadas, sendo a aplicação da norma limitada para os eixos x e y (pessoas sentadas) e para todos eixos (x, y e z) nas posições em pé, deitada ou reclinada (Norma ISO 2631-1:1997, anexo B, item B1, p. 21).

O item 6.5 da ISO 2631-1;1997 estabelece que o uso da aceleração total (vetor soma) é recomendado para conforto. Na nota 2 desse mesmo item, a norma menciona que valor total de vibração ou vetor soma também foi proposto para avaliação com relação à saúde e segurança, quando não há qualquer eixo dominante.

Portanto, com base nos itens da norma ISO 2631-1:1997, na avaliação ocupacional da vibração de corpo inteiro, deve ser comparado com o limite, o valor da aceleração do eixo z ou daquela de maior intensidade dos três eixos (x, y ou z). Quando não houver aceleração predominante nos três eixos, ou seja, quando a intensidade da aceleração nos três eixos for similar, o valor do vetor soma pode ser adotado. Essa situação pode ser encontrada em equipamentos que se movimentam nos eixos x, y e z, durante operação normal, como pás carregadeiras. A NHO 09 da FUNDACENTRO recomenda a adoção da aceleração resultante da soma dos três eixos na avaliação ocupacional da vibração de corpo inteiro.

c) Critério da Comunidade Europeia

A Diretiva 2002/44/CE 25.6.02, anexo B estabelece os seguintes níveis de exposição para vibração de corpo inteiro:

— 0,5 m/s^2 ou 9,1 VDV — nível de ação.

— 1,15 m/s^2 ou 21,0 VDV — limite de exposição para jornada de 8 horas.

Segundo essa norma, a avaliação da exposição à vibração de corpo inteiro baseia-se na determinação da exposição diária A(8) expressa pela aceleração equivalente para um período normalizado de 8 horas, obtida a partir da maior parcela dos valores eficazes, ou a parcela mais elevada do Valor de Dose da Vibração (VDV), das acelerações ponderadas em frequência, segundo os três eixos ortogonais (1,4 a_{wx};1,4 a_{wy}; a_{wz}) para trabalhadores sentados ou em pé, conforme itens 5, 6 e 7 e anexos A e B da ISO 2.631-1 (1997).

d) Critério NHO 09 da FUNDACENTRO

Segundo a NHO 09, os valores de referência para avaliação da exposição ocupacional à vibração são:

— Nível de ação: aceleração normalizada (aren) de 0,50 m/s^2 e Valor de Dose de Vibração Resultante (VDVR) de 9,1 $m/s^{1,75}$.

— Limite de exposição ocupacional diária: aceleração normalizada (aren) de 1,1 m/s^2 e Valor de Dose de Vibração Resultante (VDVR) de 21 $m/s^{1,75}$.

O limite adotado pela NHO 09 da FUNDACENTRO é praticamente idêntico ao da Comunidade Europeia. A diferença fundamental é o valor do eixo a ser comparado. A NHO 09 recomenda comparar com o valor de referência, a soma dos três eixos (x, y, z) enquanto para a Diretiva 2002/44/CE 25.6.02, anexo B, o valor a ser comparado é da aceleração de maior intensidade dos três eixos. Essa diferença é significativa, conforme será visto e exemplificado posteriormente.

e) Critério da ACGIH

A ACGIH (American Conference of Industrial Hygienists) adotava o critério de avaliação ocupacional de vibração de corpo inteiro da norma ISO 2.631/85.

Segundo a ACGIH, os limites de exposição à vibração de corpo inteiro representam os valores da magnitude de aceleração e o tempo de exposição aos quais se acredita que a maioria dos trabalhadores repetidamente esteja exposta, com risco mínimo de dores nas costas, efeitos adversos a elas ou apresentando capacidade de operar adequadamente veículos terrestres.

Nesse critério, é necessário efetuar, para cada eixo, uma análise espectral em bandas de terça de oitava e compará-las com os valores dos gráficos de aceleração em função do tempo de exposição. Esses limites apresentam uma família de curvas em função do tempo de exposição. Como pode ser observado nas curvas e tabelas, os limites são menores na faixa de frequência de 4 a 8 Hz para o eixo z e de 1 a 2 Hz para os eixos x e y. A seguir, os limites de exposição em gráficos e tabelas.

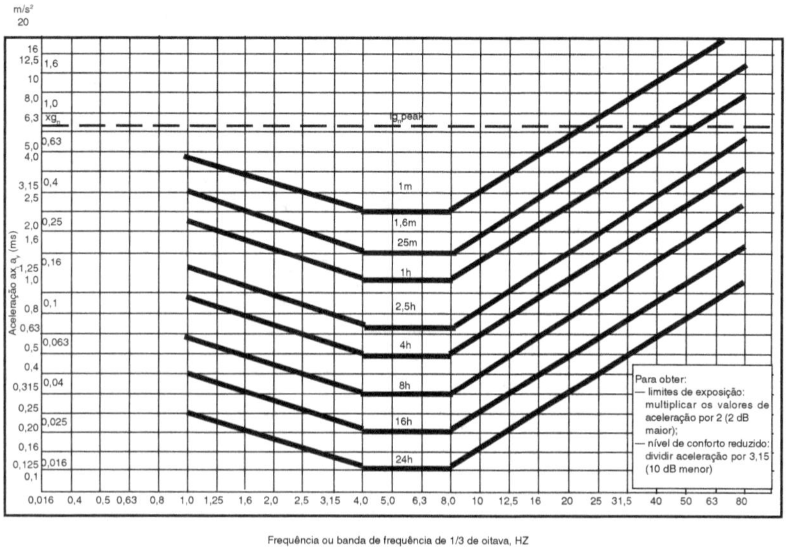

LIMITE PARA O EIXO Z

Figura 5 — Frequência ou banda de frequência de 1/3 de oitava, Hz.

Tabela 2

Limites de aceleração do eixo a_z em função da frequência e tempo de exposição

Frequência (centro da banda de 1/3 de oitava)	*Aceleração (m/s²)*								
	Tempo de exposição								
	24 h	16 h	8 h	4 h	2,5 h	1 h	25 min	16 min	1 min
6,3	0,140	0,212	0,315	0,53	0,71	1,18	1,80	2,12	2,00
8,0	0,140	0,212	0,315	0,53	0,71	1,18	1,80	2,12	2,80
10,0	0,180	0,265	0,40	0,67	0,90	1,50	2,24	2,65	3,55
12,5	0,224	0,335	0,50	0,85	1,12	1,90	2,80	3,35	4,50
16,0	0,280	0,425	0,63	1,06	1,40	2,36	3,55	4,25	5,60
20,0	0,355	0,530	0,80	1,32	1,80	3,00	4,50	5,30	7,10
25,0	0,450	0,670	1,0	1,70	2,24	3,75	5,60	6,70	9,00
31,5	0,560	0,850	1,25	2,12	2,80	4,75	7,10	8,50	11,2
40,0	0,710	1,060	1,60	2,65	3,55	6,00	9,00	10,6	14,0
50,0	0,900	1,320	2,0	3,35	4,50	7,50	11,2	13,2	18,0
63,0	1,120	1,700	2,5	4,25	5,60	9,50	14,0	17,0	22,4
80,0	1,400	2,120	3,15	5,30	7,10	11,8	18,0	21,2	28,0
Os valores acima definem o limite em termos de valor eficaz (r.m.s.) da vibração de frequência simples (senoidal) ou valor eficaz na banda de um terço de oitava para a vibração distribuída.									

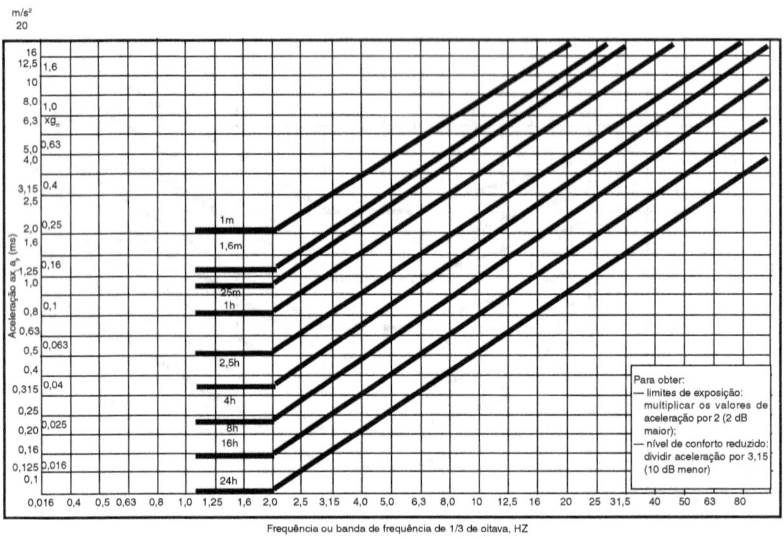

Figura 6 — Limites para os eixos X e Y

Tabela 3

Limites de aceleração dos eixos a_x e a_y em função da frequência e tempo de exposição

Frequência (centro da banda de 1/3 de oitava)	*Aceleração (m/s²)*								
	Tempo de exposição								
	24 h	16 h	8 h	4 h	2,5 h	1 h	25 min	16 min	1 min
1,0	0,100	0,150	0,224	0,355	0,50	0,85	1,25	1,50	2,0
1,25	0,100	0,150	0,224	0,355	0,50	0,85	1,25	1,50	2,0
1,6	0,100	0,150	0,224	0,355	0,50	0,85	1,25	1,50	2,0
2,0	0,100	0,150	0,224	0,355	0,50	0,85	1,25	1,50	2,0
2,5	0,125	0,190	0,280	0,450	0,63	1,06	1,6	1,9	2,5
3,15	0,160	0,236	0,355	0,560	0,8	1,32	2,0	2,36	3,15
4,0	0,200	0,300	0,450	0,710	1,0	1,70	2,5	3,0	4,0
5,0	0,250	0,375	0,560	0,900	1,25	2,12	3,15	3,75	5,0
6,3	0,315	0,475	0,710	1,12	1,6	2,65	4,0	4,75	6,3
8,0	0,40	0,60	0,900	1,40	2,0	3,35	5,0	6,0	8,0
10,0	0,50	0,75	1,12	1,80	2,5	4,25	6,3	7,5	10
12,5	0,63	0,95	1,40	2,24	3,15	5,30	8,0	9,5	12,5
16,0	0,80	1,18	1,80	2,80	4,0	6,70	10	11,8	16
20,0	1,00	1,50	2,24	3,55	5,0	8,5	12,5	15	20
25,0	1,25	1,90	2,80	4,50	6,3	10,6	16	19	25

Frequência (centro da banda de 1/3 de oitava)	*Aceleração (m/s²)*								
	Tempo de exposição								
31,5	1,60	2,36	3,55	5,60	8,0	13,2	20	23,6	31,5
40,0	2,00	3,00	4,50	7,10	10,0	17,0	25	30	40
50,0	2,50	3,75	5,60	9,00	12,5	21,2	31 ,5	37,5	50
63,0	3,I5	4,75	7,10	11,2	16,0	26,5	40	45,7	63
80,0	4,00	6,00	9,00	14,0	20	33,5	50	60	80

De acordo com a ACGIH, se a aceleração r.m.s. de qualquer dos picos do espectro for igual ou superior aos valores apresentados nas figuras anteriores para o período pertinente, então o limite estará excedido para aquele tempo de exposição. O eixo que contém o pico espectral mais alto que intersecciona a curva de menor tempo é o eixo dominante e determina a máxima exposição diária permissível.

A ACGIH determina também que os limites de tolerância são válidos para fatores de crista de vibração iguais ou inferiores a 6. Como vimos anteriormente, esse fator é definido como a relação entre a aceleração r.m.s. e a de pico, medida na mesma direção, em um período de 1 minuto para qualquer um dos eixos. Quando o fator de crista exceder a seis, os limites devem ser usados com cuidado.

Atualmente a ACGIH adota o Limite de Exposição Ocupacional do guia das zonas de precaução da saúde, conforme figura B.1 anexo B da norma ISO 2631:1997 alterada em 2010 (ver página 32). A ACGH determina que o Limite de Exposição será excedido quando a aceleração ponderada superar o limite superior da figura ou da tabela 1.

TABELA 1

Limite de Exposição e Nível de Ação

Duração (horas)	**Limite de Exposição Ocupacional (ISO Limite Superior)**	**Nível de ação (ISO Limite Inferior)**
0,1667	6,0000	3,0000
0,500	3,4644	1,7322
1,000	2,4497	1,2249
2,000	1,7322	0,8661
4,000	1,2249	0,6124
8,000	0,8661	0,4331
24,00	0,5000	0,2500

Segundo a ACGIH o Limite de Exposição Ocupacional correspondente ao tempo em horas é igual:

$$a = \frac{2{,}4497}{\sqrt{T}}\ \text{m/s}^2$$

Assim, para exposição de oito horas (T=8), a aceleração permitida é igual a:

$$a = \frac{2{,}4497}{\sqrt{8}} = 0{,}8666\ \text{m/s}^2$$

O tempo de duração, em horas, para alcançar o Limite de Exposição Ocupacional (tempo de exposição permitido) é dado pela equação:

$$T = \frac{6{,}0012}{a_w^2 \text{ ou av}}$$

Assim, para aceleração de 0,8666 m/s² o tempo de duração é igual:

$$T = \frac{6{,}0012}{0{,}8666^2} = 8{,}0 \text{ horas}$$

Da mesma forma que a norma ISO 2631:1997, a ACGIH determina que, quando o fator de crista for maior que 9,0 o método da aceleração ponderada pode subestimar o risco e, nesse caso, deve-se utilizar a dose de vibração. Quando for utilizado esse método, os valores das doses exposição, em quaisquer das direções, não devem exceder o Limite de Exposição Ocupacional de 17,0 $m/s^{1,75}$.

f) Limites de exposição — NR-15 — anexo 8

Como vimos anteriormente, em 13.8.14 a Portaria n. 1.297 do MTE de nova redação ao anexo 8 da NR-15, estabelecendo os seguintes limites de exposição ocupacional diária à Vibração de Corpo Inteiro — VCI:

a) valor da aceleração resultante de exposição normalizada (aren) de 1,1 m/s²;

b) valor da dose de vibração resultante (VDVR) de 21,0 $m/s^{1,75}$.

O nível de ação para a avaliação da exposição ocupacional diária à vibração de corpo inteiro corresponde a um valor da aceleração resultante de exposição normalizada (aren) de 0,5m/s^2, ou ao valor da dose de vibração resultante (VDVR) de 9,1$m/s^{1,75}$ (NR-9, anexo 1, item 4.3.2)

A NR-15 adotou o limite de exposição recomendado pela NHO-9 da FUNDACENTRO, devendo ser utilizado o valor *da aceleração resultante de exposição normalizada (aren)*. De acordo com a NHO -09 da FUNDACENTRO, *aren* corresponde à *aceleração resultante de exposição (are)*, convertida para uma jornada diária padrão de 8 horas, determinada pela seguinte expressão:

$$\text{aren} = \text{are}\sqrt{\frac{T}{T_0}} \quad [m/s^2] \qquad \textbf{(18)}$$

sendo:

T = tempo de duração da jornada diária de trabalho, expresso em horas ou minutos;

T_0 = 8 horas ou 480 minutos.

are ou AEQ = aceleração resultante de exposição, representativa da exposição ocupacional diária obtida a partir das acelerações nas direções X, Y e Z. A NHO-9 define o are em função do somatório do arep (aceleração parcial representativa da exposição ocupacional relativa à componente de exposição). De maneira simplificada o are ou AEQ pode ser obtido pela equação 19:

$$\text{are ou AEQ} = \sqrt{\frac{a_{w1}^2 \cdot t_1 + a_{w2}^2 \cdot t_{2\,\ldots} \cdot a_{wn}^2 \cdot t_n}{t_1 + t_{2\,\ldots\ldots}t_n}} \qquad \textbf{(19)}$$

Convém ressaltar, que de acordo com a NHO-09, a determinação do *aren* e *are* é feita com base na soma dos três eixos ou aceleração média resultante. O valor da aren é o mesmo da A(8) da norma ISO 2631:1 1997, enquanto a are ou AEQ se referem a avaliação em determinado tempo da jornada de trabalho, considerando as exposições parciais em diferentes acelerações.

Outro limite previsto no anexo 8 da NR-15 é o VDVR, que não deve superar a 21 $m/s^{1,75}$. O VDVR corresponde à dose de vibração utilizando a quarta potência. Esse método é mais sensível aos picos de vibração e deve ser usado juntamente com aceleração r.m.s para estimar os riscos de exposição na VCI. Segundo a NHO-09, o Valor da Dose de Vibração Resultante (VDVR): corresponde ao valor da dose de vibração representativo da exposição ocupacional diária, considerando a resultante dos três eixos de medição, conforme equação:

$$VDVR = \sqrt[4]{(1,4\ VDVe_x)^4 + (1,4\ VDVe_y)^4 + VDVe_z^4} \qquad \textbf{(20)}$$

Onde

VDV_E — corresponde ao valor de dose de vibração da exposição parcial representativo em cada eixo relativo à componente de exposição, conforme equação (NHO-09 da FUNDACENTRO):

$$VDV_E = fVDV_J \sqrt[4]{\left(\frac{T_E}{T_M}\right)} \qquad \textbf{(21)}$$

Onde:

VDV_E — valor de VDV determinado em cada eixo referente ao tempo de medição

VDV_J —VDV de x, y ou z

T_E — Tempo de exposição em minutos ou hora

T_M — Tempo de medição ou da amostra

f — fator de multiplicação em função dos eixos (1,4 para eixos x e y e 1,0 para o eixo z). Na equação 20, os fatores de multiplicação estão contidos na mesma.

Nota: quando o tempo de medição for igual ao tempo de exposição em cada ciclo, o valor do VDV_E é igual ao VDV. Desse modo, quando a medição é realizada durante todo tempo de exposição, não é necessário o cálculo do VDV_E. Normalmente, os medidores de vibração fornecem os valores de VDV em cada eixo, referente ao tempo de medição. Sendo assim, é necessário projetar a dose para o tempo de exposição na jornada, conforme a equação 21.

Quando o instrumento fornece o VDV multiplicado pelos fatores 1,4 para x e y e 1,0 para o eixo z, o cálculo o VDVR é igual a:

$$VDVR = \sqrt[4]{(VDVe_x)^4 + (VDVe_y)^4 + VDVe_z^4}$$

Outro parâmetro mencionado na norma ISO 2631:1 1997 é o eVDV. O cálculo do eVDV é feito da seguinte maneira:

$$eVDV = 1{,}4a_w.\sqrt[4]{t} \quad \textbf{(22)}$$

Onde:

a_w — aceleração ponderada r.m.s em cada eixo

T — tempo de exposição em segundos

Alguns instrumentos de medição fornecem os valores de eVDV em cada eixo. Todavia, é importante ressaltar que a NR-15 e a NHO-09 não mencionam esse método de avaliação.

Aplicação prática

A avaliação ocupacional pode ser realizada durante todo ciclo ou em cada parcela do ciclo. O quadro a seguir mostra os dados das operações que compõem o ciclo, bem como o tempo total considerando a repetição do mesmo em 4 (quatro) vezes durante a jornada de trabalho. O quadro 1 fornece os dados das avaliações das acelerações.

Quadro 1

Resultado das avaliações

OPERAÇÃO	Aceleração m/s^2	TM — Tempo de duração da medição ou amostra (minutos)	N. de repetições	TE — Tempo de exposição na jornada de trabalho (minutos)
1 — Dirigir caminhão vazio até o setor de carregamento	0,80	20	4	80
2 — Aguardar o carregamento — marcha lenta	0,30	05	4	20
3 — Dirigir caminhão cheio do carregamento ao setor de descarga	0,70	30	4	120
4 — Descarregamento — marcha lenta	0,35	05	4	20
Total		60		240
Observações: — Nesse exemplo, foi considerado que no restante da jornada o trabalhador não ficou exposto à vibração; — Foi considerada aceleração ponderada da soma dos três eixos ou aceleração média resultante.				

Cálculo ao AEQ ou are e A(8) ou aren

Primeira alternativa:

1 — Cálculo do AEQ ou are

Considerando o tempo total de exposição na jornada de trabalho, conforme quadro 1.

$$\text{AEQ ou are} = \sqrt{\frac{0{,}80^2 \,.\, 80 + 0{,}30^2 \,.\, 20 + 0{,}70^2 \,.\, 120 + 0{,}35^2 \,.\, 20}{240}} = 0{,}69 \text{ m/s}^2$$

2 — Cálculo do aren ou A(8)

$$\text{aren ou A (8)} = 0{,}69 \sqrt{\frac{240}{480}} = 0{,}49 \text{ m/s}^2$$

Segunda alternativa:

Realizar a medição durante todo o ciclo de trabalho. Nesse caso, o instrumento de medição fornecerá o valor do AEQ referente ao ciclo completo. Ou seja, o valor será igual a:

$$\text{AEQ ou are} = \sqrt{\frac{0{,}80^2 \,.\, 20 + 0{,}30^2 \,.\, 5 + 0{,}70^2 \,.\, 30 + 0{,}35^2 \,.\, 5}{60}} = 0{,}69 \text{ m/s}^2$$

Considerando que o ciclo se repete 4 (quatro) vezes na jornada de trabalho, o tempo de exposição é de 240 minutos. Desse modo, o valor do aren será o mesmo, ou seja, 0,49 m/s^2 (inferior ao nível de ação).

Cálculo do VDVR

Considerando que na medição do ciclo completo, os valores das doses VDV, referente ao tempo de medição de 60 minutos foram os seguintes:

$VDV_{EX} = 4{,}0 \text{ m/s}^{1,75}$

$VDV_{Ey} = 7{,}0 \text{ m/s}^{1,75}$

$VDV_{Z} = 8{,}0 \text{ m/s}^{1,75}$

Inicialmente, é necessário projetar a dose de acordo com o tempo de exposição, vez que o instrumento de medição forneceu os valores referentes ao tempo de medição de 60 minutos e o tempo de exposição durante a jornada foi de 240 minutos para cada eixo. Os instrumentos fornecem os valores de VDV multiplicados pelo fator 1,4 para os eixos x e y e 1,0 para o eixo z. Os valores do VDV_E da exposição (projetado ou acumulado) é igual a:

$$VDV_E = VDV_J \cdot \sqrt[4]{\frac{T_E}{T_M}}$$

Em que:

VDV_E — valor da dose acumulada ou projetada;

VDV_J — valor da dose em cada eixo fornecido pelo instrumento de medição;

T_E — Tempo de exposição em minutos ou hora;

T_M — Tempo de medição ou da amostra em hora ou minutos

Assim, com base nos dados do quadro, os valores acumulados ou projetados em cada eixo são:

$$VDV_{EX} = 4{,}0 \sqrt[4]{\frac{240}{60}} = 5{,}66 m/s^{1{,}75}$$

$$VDV_{EY} = 7{,}0 \sqrt[4]{\frac{240}{60}} = 9{,}90 m/s^2$$

$$VDV_{EZ} = 8{,}0 \sqrt[4]{\frac{240}{60}} = 11{,}31 m/s^2$$

Considerando que nas medições dos VDV_E, já foram aplicados os valores 1,4 (eixos X e Y)e 1,0 (eixo z), o valor da dose de vibração resultante (VDVR), é igual a:

$$VDVR = \sqrt[4]{5{,}66^4 + 9{,}90^4 + 11{,}31^4} = 12{,}82 m/s^{1{,}75}$$

O valor de VDVR superou o nível de ação, devendo ser adotadas medidas preventivas de acordo com a NHO-09.

PARTE IV

VIBRAÇÃO LOCALIZADA EM MÃOS E BRAÇOS

4.1. Direção da vibração

As direções da vibração devem ser reportadas de um sistema de coordenadas ortogonais, conforme sugerido na Figura 7.

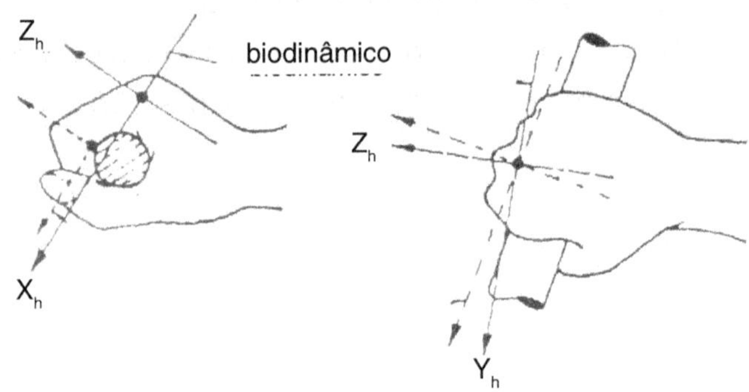

Figura 7 — Direção da vibração

Para evitar conflito entre a terminologia proposta aqui e a usada em biodinâmica para definir a exposição humana de corpo inteiro, a norma ISO recomenda que os movimentos da mão para várias direções do sistema de coordenadas sejam designados pelo subscrito h (*hand*). Assim, a aceleração da mão na direção "z" deve ser designada por a_{zh} e similarmente para as direções x e y. A aceleração de corpo inteiro no eixo longitudinal é designada somente por a_z.

4.2. Efeitos sobre a saúde

A exposição à vibração de mão e braço pode afetar os vasos sanguíneos, nervos, ossos, juntas, músculos ou tecidos conjuntivos da mão e do antebraço. Exposições severas levam a uma desordem progressiva da circulação, principalmente nos dedos da mão. Essa doença é descrita na literatura como "síndrome do dedo branco" ou fenômeno de Raynaud. A ACGIH (American Conference of Governamental Industrial Hygienists) menciona que os limites de exposição à vibração de mão e braço para oito horas — A(8) representa às condições sob as quais se acredita que a maioria dos trabalhadores pode ser repetidamente exposta, sem que evoluir para o estágio 1 do Sistema de Classificação do Encontro de Estocolmo para dedos brancos induzidos por vibração, também denominado de fenômeno de Raynaud de origem ocupacional do Quadro 1 (ACGIH, 2017). O quadro 1 mostra a classificação dos estágios induzidos pelo frio na vibração de mão e braço.

Quadro 1

Sistema de classificação para vibração de mão e braço do encontro de Estocolmo para sintomas vasculares periféricos e sensoneurais induzidos pelo frio

Estágio	Grau	Descrição
0	-	Sem ataques
1	Suave	Ataques ocasionais
2	Moderado	Ataques ocasionais afetando as falanges distal e média (raramente também a próxima) de um ou mais dedos
3	Severo	Ataques frequentes afetando todas as falanges da maioria dos dedos
4	Muito severo	Com o estágio 3, com mudanças tróficas da pele da ponta dos dedos

Fonte: ACGIH, 2017

Quadro 2

Avaliação Sensoneural (sensório — neural)

Estágio	Sintomas
0SN	Exposto a vibração sem sintoma
1SN	Adormecimento intermitente, com ou sem formigamento
2SN	Adormecimento intermitente ou persistente, percepção sensorial reduzida
3SN	Adormecimento intermitente ou persistente, redução da discriminação tátil e/ou destreza manipulativa

Fonte: ACGIH, 2017

4.3. Aceleração ponderada

a) Ponderação nas frequências — Norma ISO 5349/86 e ACGIH

A norma ISO 5349/86 determina que a avaliação ocupacional da vibração de mãos e braços ou localizada, deve ser efetuada por meio da aceleração ponderada nas frequências na faixa compreendida entre 6,3 Hz e 1250 Hz. A tabela a seguir mostra os fatores de ponderação nas frequências utilizados pela norma ISO 5349/86 e ACGIH.

Freq. (Hz)	*Fator de ponderação K_j*	*Freq. (Hz)*	*Fator de ponderação K_j*
6,3	1,0	100	0,16
8,0	1,0	125	0,125
10,0	1,0	160	0,1
12,5	1,0	200	0,08
16	1,0	250	0,063
20	0,8	315	0,05
25	0,63	400	0,04
31,5	0,5	500	0,03
40	0,4	630	0,025
50	0,3	800	0,02
63	0,25	1000	0,016
80	0,2	1250	0,0125

b) Ponderação nas frequências — Norma ISO 5349-1:2001

A norma ISO 5349-1:2001 estabelece a ponderação por frequência em função da sensibilidade de resposta da mão nas diferentes frequências, conforme curva da ISO 8041:2005 (Figura 8). A Tabela 4 mostra os valores numéricos dos fatores de ponderação.

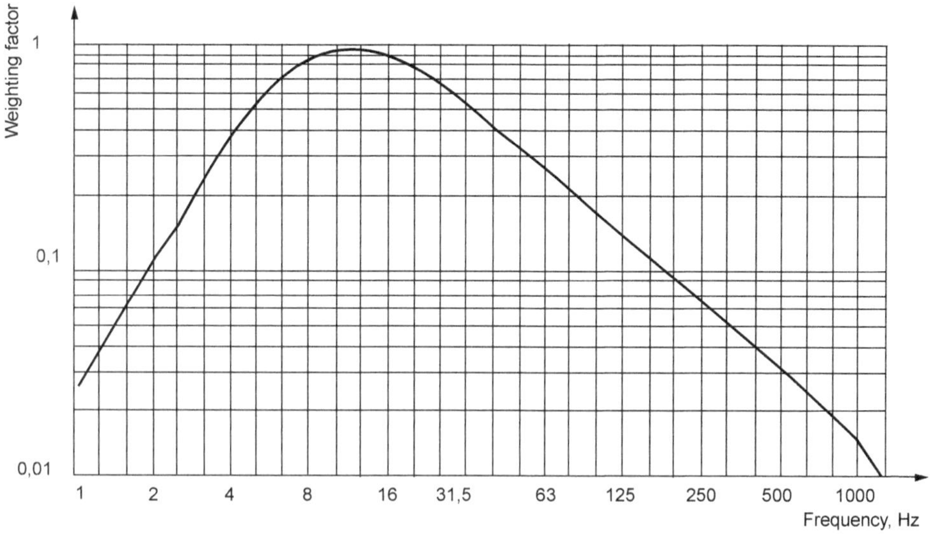

Figura 8 — Curvas de ponderação em função da sensibilidade de resposta da mão nas diferentes frequências, segundo a ISO 8.041:2005.

Tabela 4

Ponderação nas frequências de terça de oitava

Freq. (Hz)	*Fator de ponderação K_j*	*Freq. (Hz)*	*Fator de ponderação K_j*
4	0,375	100	0,160
5	0,545	125	0,127
6,3	0,727	160	0,101
8,0	0,873	200	0,0799
10,0	0,951	250	0,364
12,5	0,958	315	0,0503
16	0,896	400	0,0398
20	0,782	500	0,0314
25	0,647	630	0,0245
31,5	0,519	800	0,0186
40	0,411	1000	0,0135
50	0,324	1250	0,00894
63	0,256	1600	0,00536
80	0,202	2000	0,00295
NOTA: Para as respostas e tolerância dos filtros, ver ISO 8.041			

Da mesma forma da vibração de corpo inteiro, o instrumento de medição fornece a aceleração ponderada global, que representa os valores corrigidos em função da sensibilidade. Pode ser utilizado também o instrumento que mede a aceleração nas bandas de frequência. Nesse caso, a aceleração ponderada pode ser calculada de acordo com a equação **23**:

$$a_{h,w} = \sqrt{\sum_{i=1}^{n} (w_i \cdot a_{hi})^2} \qquad \textbf{(23)}$$

Sendo:

W_i — o fator de ponderação para cada banda de frequência correspondente

a_i — a aceleração obtida em cada frequência

4.5. Avaliação ocupacional da vibração de mão e braço

4.5.1. Avaliação ocupacional de vibração de mão e braço — Critério da Norma ISO 5349-1:2001

A norma ISO 5349-1:2001 estabelece os valores de exposição diária de aceleração A(8), com estimativa esperada de produzir a síndrome do dedo branco em 10% das pessoas expostas para determinado número de anos (D_y), conforme gráfico da Figura 19:

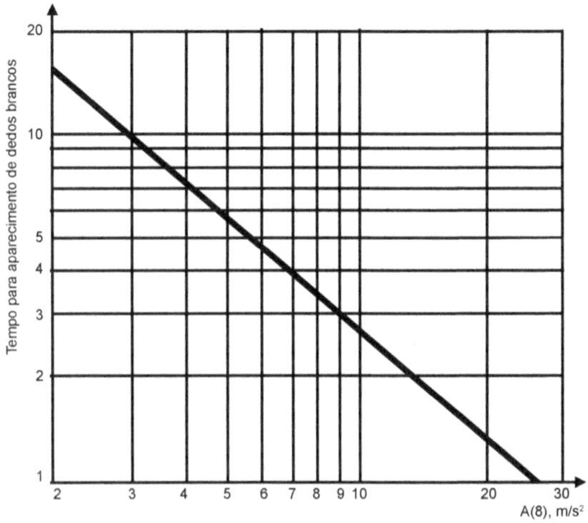

Figura 19 — Valores de exposição diária ISO 5.349-1:2001

D_y, anos	1	2	4	8
A(8), m/s²	26	14	7	3,7

A relação em A(8) e D_y pode ser obtida também pela seguinte expressão:

$D_y = 31{,}8[A(8)]^{-1{,}06}$ **(24)**

Sendo:

D_y = duração total da exposição do grupo em anos, necessária para a ocorrência dos episódios de branqueamento nos dedos em 10% dos expostos.

A(8) = exposição diária normalizada para um período de 8 horas, conforme definido no item 3.9.

Exemplo: para a aceleração A(8) igual a 12 m/s², o número de anos necessário para ocorrerem episódios de branqueamento dos dedos em 10% das pessoas expostas é:

$D_y = 31{,}8 \,.\, 12^{-1{,}06} = 2{,}28$ *anos*

4.5.2. Critério da Norma ISO 5349/86 e ACGIH

O limite de tolerância para vibração localizada refere-se a níveis de duração de exposição a componente de aceleração que representam condições às quais se acredita que praticamente todos os trabalhadores podem ser repetidamente expostos cotidianamente sem que evoluam para além do estágio 1 do Sistema de Classificação de Encontro de Estocolmo para Dedos Brancos induzidos por vibração, também conhecido como fenômeno de Raynaud de origem ocupacional (ACGIH, 2011).

A ISO 5.349/86 não fixa limite de tolerância expressamente para exposição ocupacional à vibração, estabelecendo apenas gráfico de percentual de trabalhadores expostos (10 a 50%) que poderão evoluir para o estágio 1 de doença de branqueamento dos dedos, dependendo dos anos de exposição e de aceleração ponderada, conforme gráfico a seguir:

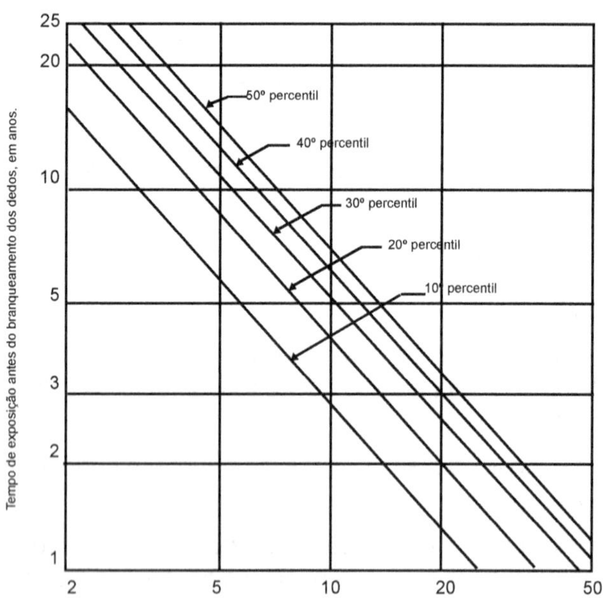

Figura 10 — Aceleração ponderada (r.m.s.) medida em uma única direção, m/s²

A ACGIH, com base no gráfico fornecido pela ISO 5.349/86, definiu os seus limites de tolerância, estabelecendo o tempo diário de exposição em função da aceleração ponderada.

O limite de tolerância da ACGIH para a exposição ocupacional à vibração localizada (mão e braço) da aceleração r.m.s. ponderada em função da exposição diária encontra-se na tabela a seguir.

Limites para a exposição da mão em qualquer das direções X_h, Y_h ou Z_h		
Duração total da exposição diária[a]	**Valores do componente de aceleração dominante[b], *r.m.s.*, ponderada, que não devem ser excedidos ak (akeq)**	
	m/s^2	**g[c]**
4 horas e menos de 8	4	0,40
2 horas e menos de 4	6	0,61
1 hora e menos de 2	8	0,81
Menos de 1 hora	12	1,22

(a) o tempo total que a vibração entra na mão por dia, seja continuamente, seja intermitentemente.

(b) usualmente, um dos eixos é dominante sobre os demais. Se um ou mais dos eixos de vibração exceder à exposição total diária, então o TLV estará excedido.

(c) g = 9,81 m/s^2.

Atualmente a ACGIH alterou o Limite de Exposição Ocupacional para Vibração de mãos e Braços (VMB), ou seja, foi adotado o mesmo Limite da Comunidade Europeia e anexo 8 da NR-15. Esse é expresso pela seguinte equação (ACGIH,2017)

$$t_{exposição} = 8h \text{ ou } 480\left[\frac{5{,}0\ m/s^2}{a_{medida}}\right]$$

Assim, para aceleração medida de 5,0 m/s^2 o tempo de exposição é igual a:

$$t_{exposição} = 8h \text{ ou } 480\left[\frac{5{,}0\ m/s^2}{5{,}0\ m/s^2}\right] = 8 \text{ horas ou } 480 \text{ minutos}$$

A aceleração medida é a resultante da soma dos três eixos (x, y e z).

4.5.3. Critério da Comunidade Europeia e NHO 10

A Diretiva 2002/44/CE 25.6.02, anexo B, estabelece os seguintes níveis de exposição para vibração de mãos e braços:

— 2,5 m/s^2 — nível de ação

— 5,0 m/s^{2*} — limite de exposição para jornada de 8 horas.

No mesmo sentido, a NHO 10 da FUNDACENTRO recomenda os mesmos valores para nível de ação e limite de exposição ocupacional diária à vibração de mãos e braços. O valor a ser comparado com o limite é a soma dos três eixos.

4.5.4. Critério NR-15 anexo 8

Em 13.8.2014, o anexo 8 da NR-15 estabeleceu o limite de exposição ocupacional diária à VMB correspondente a um valor de aceleração resultante de exposição normalizada (aren) de 5,0 m/s^2. O nível de ação para a avaliação da exposição ocupacional diária à vibração em mãos e braços corresponde a um valor de aceleração resultante de exposição normalizada (aren) de 2,5 m/s^2 (anexo 1, NR-9, item 4.2.2).

A NR-15, anexo 8 adotou o mesmo critério da NHO-10 e comunidade europeia. O valor da aceleração resultante de exposição normalizada (aren), é obtido de acordo com a a equação:

$$\text{Aren} = \text{are}\sqrt{\frac{T}{T_0}} \quad [m/s^2]$$

O valor do are ou AEQ = aceleração resultante de exposição, representativa da exposição ocupacional diária obtida a partir das acelerações nas direções X, Y e Z. O cálculo é feito de acordo com a equação:

$$\text{are ou AEQ} = \sqrt{\frac{a_{w1}^2 \cdot t_1 + a_{w1}^2 \cdot t_{1 \ldots} \cdot a_{w1}^2 \cdot t_1}{t_1 + t_{2 \ldots \ldots} t_n}}$$

É importante destacar que a norma NHO 10 da FUNDACENTRO e norma ISO 5.349-1: 2001 recomendam que os valores da aceleração (are ou AEQ) será a resultante dos eixos x, y e z.

Aplicação prática

Numa avaliação de vibração de mãos é braços durante a operação de motosserra foram obtidos os seguintes dados:

Operação	Aceleração m/s^2	Tempo de medição minutos
01	10,0	10,0
02	11,0	15,0
03	8,0	15,0

O valor de AEQ ou are é igual a:

$$AEQ = \sqrt{\frac{10^2.\ 10 + 11^2\ .\ 15 + 8^2 + 15}{40}} = 9{,}71\ m/s^2$$

— Considerando que o trabalhador opera efetivamente motosserra durante 4 horas por dia, o valor do aren é igual a:

$$aren = 9{,}71\sqrt{\frac{4}{8}} = 6{,}87\ m/s^2$$

O valor da aceleração resultante de exposição normalizada (aren) foi superior ao limite de exposição (5 m/s^2).

4.6. Aceleração total ou vetor soma dos eixos

Conforme visto anteriormente, no critério da norma ISO 5.349/86 e ACGIH, o valor a ser comparado com o limite é aceleração de maior intensidade dos três eixos. No critério da norma ISO 5349-1:2001, comunidade europeia, NHO 10 da FUNDACENTRO e NR-15, o valor a ser comparado com o limite de exposição, é da soma vetorial dos três eixos.

Cabe salientar que a aceleração total ou soma dos três eixos é maior que o eixo dominante entre 1 e 1,7 vezes, portanto, mais rigoroso que a adoção do maior eixo (predominante). O cálculo da aceleração total ou soma dos três eixos é feito por meio da equação:

$$A_t = \sqrt{a_{whx}^2 + a_{why}^2 + a_{whz}^2} \qquad \textbf{(25)}$$

Em que:

A_t é aceleração total ou soma dos três eixos

a_{wh} é a aceleração ponderada na frequência dos eixos x, y e z

Exemplo:

Numa medição de vibração foram obtidos os seguintes dados:

$a_{whx} = 6,0\ m/s^2$

$a_{why} = 10,0\ m/s^2$

$a_{whz} = 12,0\ m/s^2$

$$A_t = \sqrt{6^2 + 10^2 + 12^2} = 16,73\ m/s^2$$

4.7. Aceleração equivalente e normalizada

Na avaliação ocupacional da vibração de mão e braço, se for adotada a aceleração de maior intensidade ou aceleração total ou soma, é necessário obter a aceleração equivalente, quando a exposição à vibração é diferente em dois ou mais períodos da jornada (norma ISO 5.349-1:2001). O cálculo da aceleração equivalente é feito, conforme fórmula a seguir:

$$\text{AEQ ou are} = \sqrt[2]{\frac{a_1^2.t_1 + a_2^2.t_2 + \ldots a_n^2.t_n}{t_1 + t_2 \ldots t_n}} \qquad \textbf{(26)}$$

Sendo:

AEQ ou are— Aceleração Equivalente ou aceleração resultante da exposição

a_n — valor da vibração obtida

t_n — tempo de exposição à aceleração obtida a_n

O cálculo da aceleração Normalizada para oito horas – A(8) conforme a norma ISO ou aren (aceleração resultante da exposição normalizada), de acordo com a NHO 10 da FUNDACENTRO, é dado pela seguinte equação:

$$\text{A(8) ou aren} = \text{AEQ ou are X}\sqrt{\frac{T}{T_0}} \qquad \textbf{(27)}$$

Sendo:

T — corresponde à duração total diária

T_0 — corresponde à duração da jornada de trabalho. Para jornada normal, o valor de T_0 é igual a 8 horas

Na parte VI, será exemplificada a aplicação dos critérios de avaliação ocupacional de vibração de corpo inteiro e localizada (mãos e braços).

PARTE V

INSTRUMENTOS DE MEDIÇÃO

A medição da vibração é feita por meio de instrumento ligado a um transdutor ou acelerômetro. O acelerômetro é o elemento que capta o movimento vibratório transformando-o em grandeza mensurável, ou seja, fornece um sinal de saída elétrico, mecânico ou óptico proporcional ao deslocamento (aceleração). Os tipos mais comuns de acelerômetro são: piezoelétricos com eletrônica integrada (ICP); piezorresistivo; capacitância variável; servo-acelerômetro[(4)]. O transdutor (acelerômetro) piezoelétrico é usado universalmente para a medição de aceleração absoluta de vibrações e tem características gerais superiores às de qualquer outro tipo de transdutor de vibrações, com as seguintes vantagens:

— grande faixa dinâmica 1:30 10^6;

— resposta plana em larga banda de frequência;

— linear, robusto e estável ao longo do tempo;

— compacto, pequeno e leve;

— não necessita de uma fonte de energia externa, já que o material piezoelétrico é autogerador;

— saída proporcional à aceleração, podendo ser integrada para fornecer sinal proporcional à velocidade ou ao deslocamento de vibrações[(5)].

Na avaliação ocupacional de vibração, é utilizado o acelerômetro triaxial, que permite captar as acelerações nos eixos x, y e z. Esse acelerômetro é montado em adaptadores, de acordo com o tipo de vibração a ser avaliada: corpo inteiro ou mão e braço.

O medidor de vibração é o instrumento responsável pelo processamento dos dados captados pelo acelerômetro. Na avaliação ocupacional

---

(4) XIMENES, Gilmar Machado. *Mestrado profissional em sistema de gestão*. Niterói, 2006.

(5) GERGES, Samir N. Y. *Ruído*. Fundamentos e controles. 2. ed. 2000. p. 97 e 98.

normalmente se utiliza instrumento portátil, que atenda as especificações da norma ISO 8041:2005, devendo esse equipamento ser do tipo 1 ou 2.

Esse medidor é ligado ao acelerômetro por meio de cabo, devendo possuir recurso de ponderação da aceleração nas frequências em função da resposta do corpo humano, conforme explicado nas partes III e IV. Desse modo, o instrumento fornecerá a aceleração r.m.s ponderada nas frequências — $a_{w,}$ separadamente em cada eixo, além da aceleração da soma vetorial dos três eixos — xyz. Outro dado processado e fornecido pelos instrumentos de medição é a dose de vibração prevista nos limites de normas internacionais, NHO 09 e anexo 8 da NR-15.

Há medidores no mercado que possuem filtros de frequência em terça de oitava, permitindo a avaliação detalhada dos valores das acelerações nas respectivas frequências.

Cabe destacar também que os medidores de vibração modernos possuem programas específicos que possibilitam a transferência dos dados para o computador. Em geral, os valores das acelerações ponderadas em cada eixo, bem como a soma dos três eixos são apresentados em tabelas e gráficos com histórico de cada medição.

O acelerômetro é montado em adaptadores. Na vibração de corpo inteiro, o acelerômetro é montado num adaptador de assento, conforme a Figura 13, devendo ser posicionado no ponto de transmissão da superfície do corpo.

5.1. Medição de corpo inteiro

Na medição de vibração de corpo inteiro, deve-se configurar o instrumento para resposta ponderada nas frequências, conforme ISO 2631:1-1997. Em seguida, o acelerômetro triaxial deve ser montado no adaptador de assento, conforme mostra a figura 11.

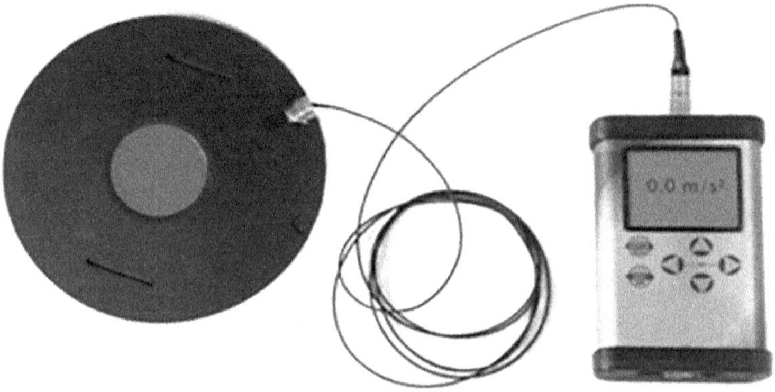

Figura 11 — Medidor de vibração acoplado ao acelerômetro de assento

Se o trabalhador executa sua atividade sentado, o adaptador de assento deverá ser posicionado conforme mostra a Figura 12.

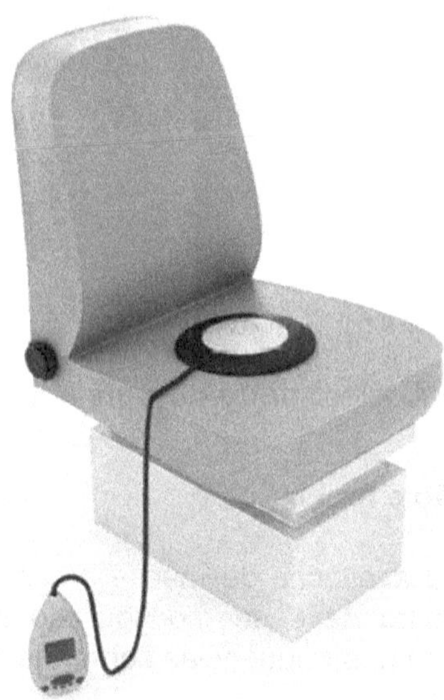

Figura 12 — Acelerômetro durante a medição sentado

Se o trabalhador executar sua atividade de pé sobre uma superfície vibrante, o acelerômetro deve ser colocado na área de contato e fixado de forma mais rígida possível, podendo ser utilizado um peso sobre o acelerômetro com adaptador de assento ou com seu próprio peso, conforme ilustra a Figura 13.

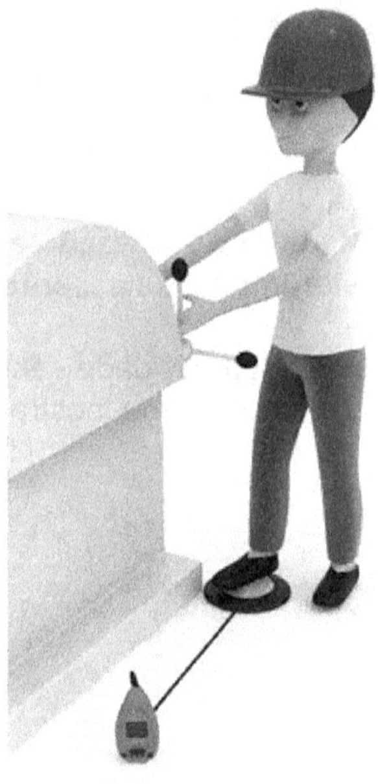

Figura 13 — Acelerômetro durante a medição em pé

5.2. Medição de mão e braço

Na medição da avaliação de mão e braço, o acelerômetro é o mesmo. O instrumento deve ser configurado para a resposta de aceleração ponderada nas frequências conforme ISO 5349.

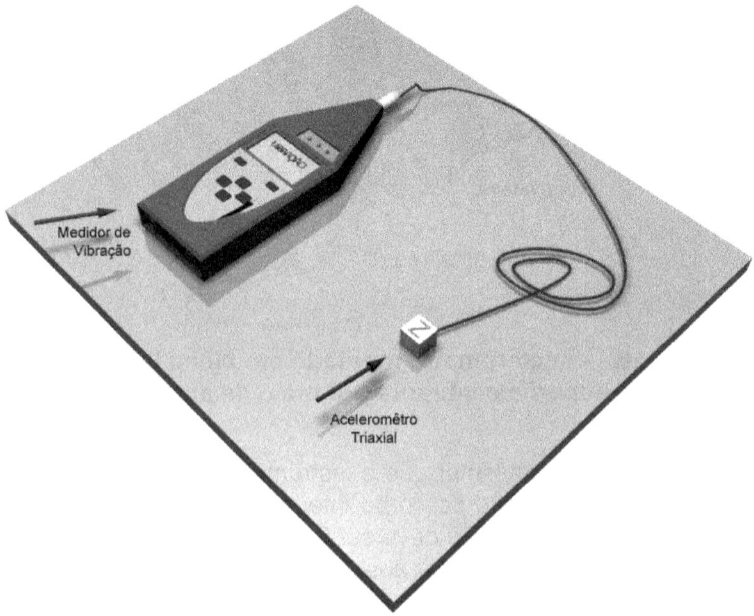

Figura 14 — Medidor de vibração mão e braço

O acelerômetro deve ser montado na superfície vibrante utilizando-se adaptadores adequados, destacando-se entre eles os adaptadores de mão (Figura 15) e de bloco (Figura 16).

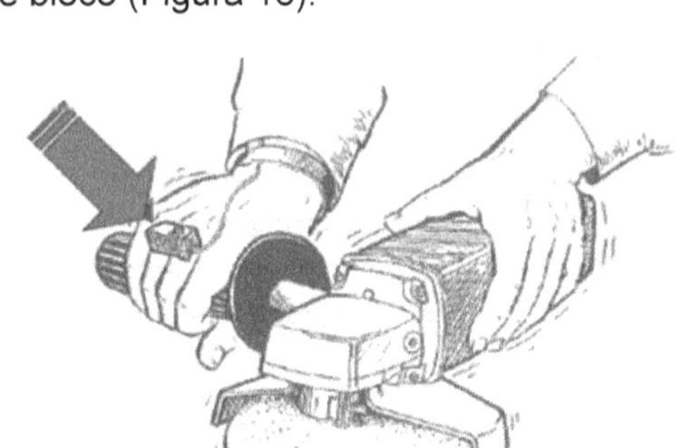

Figura 15 — Adaptador de mão

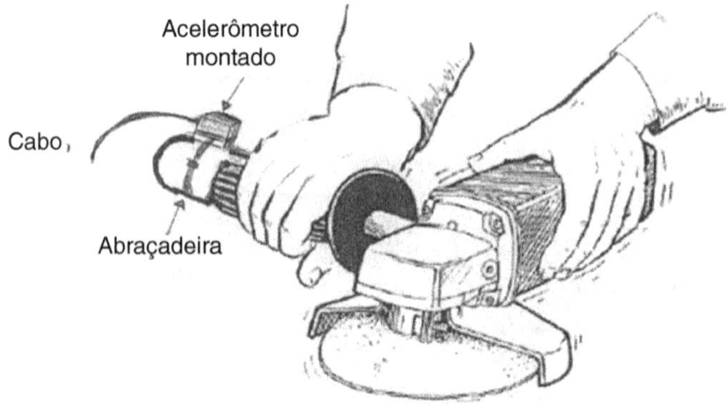

Figura 16 — Acelerômetro montado em bloco leve, conectado à superfície vibrante por meio de abraçadeira

É importante salientar que o instrumento de medição utilizado é o mesmo para vibração de corpo inteiro e de mão e braço, ou seja, para cada tipo de medição deve ser feita sua configuração adequada. Os medidores devem atender aos requisitos constantes da Norma ISO 8041 (2005).

Cabe salientar ainda que o instrumento de medição deve ser calibrado. Os acelerômetros podem ser usados por muito tempo sem perder a calibração. Os fabricantes fornecem cartas de calibração permitindo a calibração sensibilidade do medidor. Porém, a calibração externa também é necessária e poderá ser feita com um calibrador portátil. Esse instrumento fornece nível de vibração conhecido, que será a referência na aferição do medidor. Além dessa calibração, periodicamente, o instrumento deve ser certificado junto ao fabricante ou certificado em laboratório especializado acreditado pelo Instituto Nacional de Metrologia, Qualidade e Tecnologia — INMETRO. A periodicidade de calibração deve ser estabelecida com base nas recomendações do fabricante, em dados históricos da utilização dos medidores que indiquem um possível comprometimento na confiabilidade do equipamento (NHO 09 da FUNDACENTRO).

PARTE VI

PROCEDIMENTOS DE AVALIAÇÃO

6.1. Metodologia

Inicialmente, deve-se definir os GHE passíveis de exposição à vibração de corpo inteiro ou mão e braço. Em seguida, analisar as atividades dos trabalhadores desse GHE e o ciclo de trabalho com exposição à vibração, além de definir o tempo de exposição em cada operação que compõe o referido ciclo. De acordo com o anexo 1 da NR- 9 deve-se realizar análise preliminar da exposição as vibrações de corpo inteiro ou mãos e braços, devendo ser observados os seguintes itens:

— ambientes de trabalho, processos, operações e condições de exposição;

— características das máquinas, veículos, ferramentas ou equipamentos de trabalho;

— informações fornecidas por fabricantes sobre os níveis de vibração gerados por ferramentas, veículos, máquinas ou equipamentos envolvidos na exposição, quando disponíveis;

— condições de uso e estado de conservação de veículos, máquinas, equipamentos e ferramentas, incluindo componentes ou dispositivos de isolamento e amortecimento que interfiram na exposição de operadores ou condutores;

— características da superfície de circulação, cargas transportadas e velocidades de operação, no caso de VCI;

— estimativa de tempo efetivo de exposição diária;

— constatação de condições específicas de trabalho que possam contribuir para o agravamento dos efeitos decorrentes da exposição;

— esforços físicos e aspectos posturais;

— dados de exposição ocupacional existentes;

— informações ou registros relacionados a queixas e antecedentes médicos relacionados aos trabalhadores expostos.

Essa análise preliminar da exposição é semelhante ao reconhecimento de risco dos demais agentes e deve fazer parte do contexto da avaliação do risco.

Após a análise preliminar deve-se realizar a avaliação quantitativa da vibração. Essa avaliação deve ser representativa da exposição, abrangendo aspectos organizacionais e ambientais que envolvam o trabalhador no exercício de suas funções (NR-9, anexo 1). Os procedimentos de avaliação quantitativa para VCI e VMB, são aqueles estabelecidos nas Normas de Higiene Ocupacional publicadas pela FUNDACENTRO (NR-9, anexo 1). Além dos procedimentos previstos na NR-9, é necessário observar o seguinte:

— Verificar as baterias do medidor e configurá-lo para medição de exposição à vibração de corpo inteiro ou mão e braço, conforme a exposição. Testar a conexão do cabo no acelerômetro, bem como evitar tensioná-lo durante a medição;

— Montar o acelerômetro com adaptador de assento conforme explicado anteriormente e mostrado nas figuras anteriores. Se o trabalhador executa sua atividade na posição em pé, o acelerômetro deve ser fixado no piso Na medição da vibração de mão e braço, o acelerômetro deve ser montado direto na ferramenta por meio de um adaptador. Pode ser montado também num adaptador nos dedos ou na palma da mão;

— Realizar medição nas operações que compõem o ciclo de trabalho. Exemplo: numa operação de carregadeira, o ciclo é o seguinte: a) movimentação de material e carregamento; b) deslocamento com a carregadeira; c) aguardando ou preparando o equipamento, sem exposição à vibração.

A medição da vibração deve ser realizada em cada eixo. Segundo a ISO 2.631:97, deve-se adotar o valor do maior eixo, no entanto, se em dois ou mais eixos os valores forem similares, o vetor soma às vezes é utilizado para avaliar os efeitos da vibração sobre a saúde. A NHO-09 e NR-15 anexo 8 recomendam utilizar a soma dos três eixos. Na vibração de mão e braço, a ISO 5.349-1:2001, NHO-10 e a NR-15 determinam que deverá ser adotado o valor da aceleração da soma dos três eixos.

— Com os valores obtidos na medição e tempo de exposição em cada operação, deve-se calcular a aceleração equivalente conforme a equação que se segue:

$$\text{AEQ ou are} = \sqrt[2]{\frac{a_1^2 t_1 + a_2^2 t_2 + \dots a_n^2 t_n}{t_1 + t_2 \dots t_n}} \qquad \textbf{(28)}$$

Sendo:

AEQ ou are — Aceleração Equivalente ou aceleração resultante da exposição

a_n — valor da vibração obtida

t_n — tempo de exposição à aceleração obtida a_n

Com esse valor, calcula-se o valor da aceleração normalizada, para jornada de trabalho de 8 horas — A(8), ou aren (aceleração resultante da exposição normalizada) conforme a equação:

$$\text{A(8) ou aren} = \text{AEQ ou are X} \sqrt{\frac{T}{T_0}} \qquad \textbf{(29)}$$

Sendo:

AEQ ou are = Aceleração Equivalente ou aceleração resultante da exposição

T = duração diária da exposição. Na jornada normal, o valor de T_0 é igual a 8.0 horas ou 480 minutos

T_0= corresponde à duração de 8 horas

— Com os valores da aceleração A(8), verifica-se o risco de acordo com os limites de tolerância específicos para cada tipo de vibração.

— Quando se tratar de avaliação de corpo inteiro deve-se calcular também o VDVR, conforme determina a NHO-09 e anexo 8 da NR-15.

— Elaborar laudo técnico com os dados das avaliações e sugestões de medidas de controle.

6.2. Aplicação prática

a) Vibração de corpo inteiro

Numa avaliação de exposição à vibração de um motorista de ônibus, foram obtidos os dados constantes nos quadros 1 e 2.

Quadro 1
Resultado das medições das acelerações ponderadas

Evento	Aceleração ponderada m/s²				Tempo de medição minutos	Operação
	a_{wx}	a_{wy}	a_{wz}	A_t ou a_v		
01	0,220	0,237	0,632	0,778	60	Percurso bairro ao centro da cidade
02	0,27	0,39	0,670	0,95	70	Percurso centro da cidade até o bairro

Quadro 2
Resultado das medições dos Valores da Dose de Vibração — VDV

Evento	Valor da Dose de Vibração (VDV) em $m/s^{1,75}$				Operação
	VDV_x	VDV_y	VDV_z	VDV_{XYZ}	
01	3,1	3,8	9,9	9,98	Percurso bairro ao centro da cidade
	4,34*	5,32*	9,9	10,18	
02	3,71	4,96	10,85	11,00	Percurso centro da cidade até o bairro
	5,19*	6,94*	10,85	11,40	

Nota: todos esses resultados foram fornecidos pelo instrumento de medição de vibração.

* Valor multiplicado pelo fator de correção. X e Y = 1,4 e Z= 1,0

Cálculo do aren ou A(8)

Situação 1 — análise da exposição à vibração considerando a resultante ou vetor soma dos três eixos:

Evento 1 — Cálculo da aceleração total (vetor soma)

$$A_t = \sqrt{1,4^2 \,.\, 0,220^2 + 1,4^2 \,.\, 0,237^2 + 0,632^2} = 0,778 \text{ m/s}^2 \qquad (30)$$

Evento 2 — Cálculo da aceleração total (vetor soma)

$$A_t = \sqrt{1,4^2 \,.\, 0,27^2 + 1,4^2 \,.\, 0,39^2 + 0,67^2} = 0,95 \text{ m/s}^2$$

O instrumento de medição fornece os valores da aceleração resultante da soma dos três eixos (A_t ou av).

Com esses dados e o tempo de medição dos eventos 1 e 2, calcula-se a aceleração equivalente. Para cada uma delas, o AEQ é igual a:

$$\text{AEQ ou are} = \sqrt{\frac{0{,}778^2 \, . \, 60 + 0{,}95^2 \, . \, 70}{130}} \quad \textbf{(31)}$$

AEQ ou are = 0,875m/s²

O medidor de vibração fornece esse valor. Se a medição fosse realizada durante o tempo dos dois percursos, esse cálculo seria processado pelo próprio medidor de vibração.

De acordo com os dados, o ciclo de trabalho do motorista é o seguinte:

— Percurso bairro ao centro da cidade — 60 minutos;

— Percurso centro da cidade até o bairro — 70 minutos;

— A cada ciclo o motorista fica parado 10 minutos aguardando nova viagem. Portanto, o ciclo completo consiste em 130 minutos dirigindo ônibus e 10 minutos parado. Considerando que esse motorista, durante a jornada de trabalho, realiza 03 viagens, ou seja, o ciclo se repete três vezes, o tempo total de trabalho igual a 420 minutos, porém, em 30 minutos da jornada, não há exposição (parado aguardando nova viagem durante 10 minutos). Assim, o tempo efetivo de exposição, ou seja, dirigindo ônibus é de 390 minutos. Com esse tempo de exposição, calcula-se a aceleração resultante da exposição normalizada — aren:

$$\text{A(8) ou aren} = 0{,}875 \sqrt{\frac{390}{480}} = 0{,}79 \text{ m/s}^2 \quad \textbf{(32)}$$

Se o tempo de medição cobrisse toda jornada (480 minutos), o medidor forneceria o valor de A(8) ou aren calculado. Todavia, na prática, a medição de vibração por tempo muito longo, às vezes, não é recomendada, pois o trabalhador pode levantar e sair de seu posto de trabalho, como, quando aguarda nova viagem durante 10 minutos. Por essa razão, a divisão em componentes de exposição é mais adequada.

Situação 2 — Análise da exposição à vibração feita considerando a maior aceleração dos três eixos que, no caso do exemplo, corresponde ao eixo Z.

$$\text{AEQ} = \sqrt{\frac{0{,}632^2 \, . \, 60 + 0{,}67^2 \, . \, 70}{130}} = 0{,}65 \text{ m/s}^2 \quad \textbf{(33)}$$

Considerando que o tempo de exposição na jornada foi de 390 minutos, a aceleração equivalente normalizada — A (8) é igual a:

$$A(8) = 0{,}65\sqrt{\frac{390}{480}} = 0{,}588 \text{ m/s}^2 \qquad \textbf{(34)}$$

A análise dos dados deve ser feita da seguinte maneira:

— Critério NHO 09 da FUNDACENTRO e anexo 8 da NR-15. Nesse critério o valor da aceleração normalizada aren da situação 1 deve ser comparada com limite de exposição de 1,1 m/s^2 (NHO 09 e anexo 8 da NR-15). Desse modo, o valor da aceleração normalizada aren igual 0,79 m/s^2 é inferior aos referidos limites de exposição.

— Critério comunidade europeia. Nesse critério o valor da aceleração normalizada A(8) da situação 2 deve ser comparada com limite de exposição de 1,15 m/s^2 (comunidade europeia). Desse modo, o valor da aceleração normalizada A(8) igual 0,588 m/s^2 é inferior aos referidos limites de exposição.

— Critério da norma ISO 2631:1-1997 e ACGIH. Nesse critério o valor da aceleração normalizada A(8) da situação 2 (aceleração de maior intensidade dos três eixos) deve ser comparado com a zona de precaução de 0,86 m/s^2. Nesse caso, o valor da aceleração normalizada A(8) também foi inferior ao referido limite de exposição.

Quanto ao VDV — Valor Dose de Vibração

Quanto à dose de vibração, primeiramente, deve-se verificar o fator de crista. No exemplo dado, o fator de crista é inferior a 9,0, sendo assim não há necessidade de considerar o Valor da Dose de Vibração (VDV). Considerando a ISO 2631, nesse caso, não há necessidade de se determinar o Valor da Dose de Vibração (VDV). Todavia ao anexo 8 da NR-15 estabelece esse parâmetro em todas avaliações como mais um critério de julgamento da exposição. Assim, considerando as doses de vibração obtidas, a análise deve ser feita da seguinte maneira:

— A norma ISO 2631:1-1997 e a comunidade europeia recomendam comparar o maior VDV dos três eixos com os limites de exposição. Esse limite é igual a 17,0 $m/s^{1,75}$ (ISO 2631:1-1997) e 21,0 $m/s^{1,75}$ (Diretiva 2002/44/CE 25/06/02, anexo B). Assim, com base nos resultados da avaliação do quadro 2, o valor da soma dos VDVs dos dois eventos, considerando o eixo z (maior intensidade), foi inferior aos referidos limites, conforme cálculo a seguir:

$$VDV_{total} = \sqrt[4]{9{,}9^4 + 10{,}85^4}$$

$$VDV_{total} = 12{,}38\ m/s^{1,75}$$

— A NHO 09 da FUNDACENTRO recomenda utilizar a soma dos valores de VDV dos três eixos, devendo para esse cálculo aplicar o fator de multiplicação de 1,4 para os eixos x e y e 1,0 para o eixo z.

De acordo com a NHO-09, o cálculo do VDVR — valor dose de vibração resultante será calculado levando-se em consideração o valor dose de vibração da exposição (VDVe). No exemplo dado, o tempo de exposição a vibração (TE) foi igual a 180 min para o evento 01 e 210 min para o evento 02, e os tempos de medições dos eventos 1 e 2 foram 60 e 70 minutos respectivamente. Nesse exemplo, foi dado o VDVxyz (valor da dose de vibração dos três eixos) de cada evento. Assim, o VDVe de cada evento, considerando os três eixos é igual a:

$$VDV_{E1} = 10{,}18 \times \sqrt[4]{\frac{180}{60}}\ 13{,}4\ m/s^{1,75}$$

$$VDV_{E2} = 11{,}40 \times \sqrt[4]{\frac{210}{70}}\ 15{,}0\ m/s^{1,75}$$

O VDVR (valor da dose de vibração resultante) total levando em consideração os dois eventos é igual a:

$$VDVR_{E\ (total)} = \sqrt[4]{13{,}4^4 + 15{,}0^4}$$

$$VDVR = 16{,}97\ m/s^{1,75}$$

Outra forma seria calcular o VDVe de cada eixo separadamente, e, por fim, calcular o VDVR.

Evento 01

Valor da dose de vibração de exposição de cada eixo:

$$VDVe_X = 1{,}4 \times 3{,}10 \times \sqrt[4]{\frac{180}{60}} = 5{,}70\ m/s^2$$

$$VDVe_y = 1{,}4 \times 3{,}8 \times \sqrt[4]{\frac{180}{60}} = 7{,}00\ m/s^2$$

$$VDVe_z = 1{,}0 \times 9{,}9 \times \sqrt[4]{\frac{180}{60}} = 13{,}03\ m/s^2$$

Valor da dose de vibração resultante (VDVR) do evento 01:

$$VDVR = \sqrt[4]{5{,}70^4 + 7{,}0^4 + 13{,}03^4} = 13{,}4 \text{ m/s}^2$$

Evento 02

Valor da dose de vibração de exposição de cada eixo:

$$VDVe_X = 1{,}4 \times 3{,}71 \times \sqrt[4]{\frac{210}{70}} = 6{,}83 \text{ m/s}^2$$

$$VDVe_y = 1{,}4 \times 4{,}96 \times \sqrt[4]{\frac{210}{70}} = 9{,}14 \text{ m/s}^2$$

$$VDVe_z = 1{,}0 \times 10{,}85 \times \sqrt[4]{\frac{210}{70}} = 14{,}28 \text{ m/s}^2$$

Valor da dose de vibração resultante (VDVR) do evento 02:

$$VDVR = \sqrt[4]{6{,}84^4 + 9{,}14^4 + 14{,}28^4} = 15{,}0 \text{ m/s}^2$$

VDVR total

O valor do VDVR considerando os dois eventos é igual a:

$$VDVR_{E(total)} = \sqrt[4]{13{,}4^4 + 15{,}0^4}$$

$$VDVR = 16{,}97 \text{ m/s}^{1,75}$$

O valor do VDVR calculado está abaixo do limite de tolerância recomendado pela NHO-09 da FUNDACENTRO e do anexo 8 da NR-15 ($21 \text{m/s}^{1,75}$).

b) Vibração de mão e braço

Um trabalhador fica exposto durante a jornada à seguinte situação:

EVENTO	A_{whx} (m/s²)	A_{why} (m/s²)	A_{whz} (m/s²)	TEMPO DE EXPOSIÇÃO (horas)
1	7,0	5,0	8,0	1,0
2	8,0	6,0	10,0	2,0

Situação 1 — avaliação da exposição considerando a resultante ou vetor soma dos três eixos:

Evento 1 — cálculo da aceleração total (vetor soma)

$$A_t = \sqrt{7.0^2 + 5.0^2 + 8.0^2} = 11,74 \text{ m/s}^2 \quad \textbf{(35)}$$

Evento 2 — cálculo da aceleração total (vetor soma)

$$A_t = \sqrt{8.0^2 + 6.0^2 + 10.0^2} = 14,14 \text{ m/s}^2 \quad \textbf{(36)}$$

Com esses dados e o tempo de duração de cada operação dos eventos 1 e 2, calcula-se a aceleração equivalente ou aceleração resultante da exposição nas duas situações: em cada situação,o AEQ ou are é igual a:

$$\text{AEQ ou are} = \sqrt{\frac{11,74^2 \,.\, 1,0 + 14,14^2 \,.\, 2,0}{3}} = 13,39 \text{ m/s}^2 \quad \textbf{(37)}$$

Considerando que o tempo de exposição total na jornada foi de 3 horas, a aceleração equivalente normalizada — A (8) é igual a:

$$\text{A(8) ou are} = 13,39 \sqrt{\frac{3,0}{8,0}} = 8,19 \text{ m/s}^2 \quad \textbf{(38)}$$

Situação 2 — análise da exposição considerando a maior aceleração dos três eixos que, no nosso exemplo, corresponde ao eixo Z:

$$\text{AEQ ou are} = \sqrt{\frac{8,0^2 \,.\, 1,0 + 10,0^2 \,.\, 2,0}{3}} = 9,38 \text{ m/s}^2 \quad \textbf{(39)}$$

Considerando que o tempo de exposição total na jornada foi de 3 horas, a aceleração equivalente normalizada — A (8) é igual a:

$$\text{A(8) ou aren} = 9,38 \sqrt{\frac{3,0}{8,0}} = 5,74 \text{ m/s}^2 \quad \textbf{(40)}$$

A(8) = 5,74 m/s²

Interpretação dos resultados:

— **Critério ISO 5.349-1:2001** — de acordo com essa norma, deve-se considerar o valor soma das acelerações A(8) dos três eixos. Com esse dado, a duração em anos para que 10% dos trabalhadores expostos possam adquirir a síndrome do dedo branco é igual a:

$$D_y = 31{,}8[A(8)]^{-1{,}06} = 31{,}8 \times 8{,}19^{-1{,}06} \quad \textbf{(41)}$$

$$D_y = 3{,}4 \text{ anos}$$

— **Critério Comunidade Europeia e NHO 10 da FUNDACENTRO e anexo 8 da NR-15 e ACGIH** — análise 1 — de acordo com esses critérios, a aceleração normalizada A(8) ou aceleração resultante da exposição normalizada — aren igual a 8,19 m/s^2 superou o limite de exposição de 5,0 m/s^2 para jornada de 8 horas de exposição.

PARTE VII

AVALIAÇÃO DE VIBRAÇÃO PARA FINS DE CONFORTO

7.1. Conforto e percepção

Na avaliação da vibração para fins de conforto, não há um método padronizado do ponto de vista ergonômico que correlacione os aspectos objetivos e subjetivos dessa exposição.

A norma ISO 2631:1-1997 apresenta estudos sobre os efeitos da vibração para fins de conforto em indivíduos expostos em viagens a trabalho ou lazer. No entanto, a definição de conforto é complexa, vez que nesse tipo de avaliação de vibração há fatores fisiológicos e psicológicos, sendo que esse último oferece maior dificuldade, pois a determinação de um modelo para sua avaliação é subjetiva.

Do ponto de vista fisiológico, a avaliação para fins de conforto depende da frequência e da intensidade da aceleração. Nesse tipo de avaliação, a faixa de frequência analisada é de 0,5 a 80 Hz. Já a intensidade da aceleração geralmente deve ser analisada quando superar o limite de percepção, como, quando for percebida visualmente.

Outro fator importante na avaliação do conforto é o tempo de exposição. Embora não existam dados específicos a respeito, a determinação de tempo de repouso reduz o risco.

Na avaliação da vibração para fins de conforto, a ISO recomenda o uso da aceleração ponderada global (soma) num período de tempo representativo, conforme a equação a seguir:

$$At = \sqrt{k_x^2 a_{wx}^2 + k_y^2 a_{wy}^2 + k_z^2 a_{wz}^2} \qquad \textbf{(42)}$$

Sendo:

a_{wx}, a_{wy}, a_{wz} — valores das acelerações r.m.s. ponderadas nas frequências referentes aos eixos ortogonais x, y e z.

Kx, ky e kz são os fatores multiplicadores conforme a tabela 5 a seguir:

Tabela 5 — Valores multiplicadores dos eixos x, y e z conforme definido na ISO 2631-1 (1997)

POSIÇÃO	APLICAÇÃO	LOCAL MEDIÇÃO	EIXO	MULTIPLICADOR DO EIXO	FILTROS DE PONDERAÇÃO
Sentado	Saúde	Assento	X Y Z	1,4 1,4 1,0	W_d W_d W_k
	Conforto	Assento	X Y Z	0,8 0,5 0,4	W_d W_d W_k
		Assento-encosto	X Y Z	0,25 0,25 0,4	W_d W_d W_k
		Piso	X Y Z	1 1 1	W_d W_d W_k
	Percepção	Assento	X Y Z	1 1 1	W_d W_d W_k
Em pé	Conforto	Piso	X Y Z	1 1 1	W_d W_d W_k
	Percepção	Piso	X Y Z	1 1 1	W_d W_d W_k
Deitado	Conforto	Abaixo da bacia	X Y Z	1 1 1	W_d W_d W_k
	Percepção	Piso	X — nota a Y — nota a Z — nota b	1 1 1	W_d W_d W_k

Notas: a: ISO 2631-1 – uso do termo vertical em vez do eixo X
b: ISO 2631-1 – uso do termo horizontal em vez dos eixos Y ou Z

Os valores aceitáveis de vibração para fins de conforto dependem de vários fatores, os quais variam em cada aplicação. Desse modo, não há limites definidos na norma ISO 2631:1-1997. Entretanto, as reações nos diversos graus de intensidade das vibrações são devidas às expectativas do passageiro dependendo da duração da viagem e do tipo de atividade que ele possa a vir desenvolver, tais como ler, comer ou beber e, ainda, a vários outros fatores: ruído acústico, temperatura etc.

Essa norma fornece valores com indicações aproximadas de prováveis reações. Os valores a seguir são indicações aproximadas de prováveis reações observadas em transporte público:

Tabela 6 — Critérios para a avaliação da exposição das vibrações sobre o conforto, percepção e enjoo produzido pelo movimento (ISO 2631:1-1997)

VALORES $a_t(m/s^2)$ frequência 0,5 a 80 Hz	EFEITOS
< 0,315 m/s^2	Não apresenta desconforto
0,315 a 0,63 m/s^2	Ligeiramente desconfortável
0,5 a 1 m/s^2	Visivelmente desconfortável
0,8 a 1,6 m/s^2	Desconfortável
1,25 a 2,5 m/s^2	Muito desconfortável
> 2,5 m/s^2	Extremamente desconfortável

Com relação à percepção da vibração, a variação é grande para cada indivíduo. De acordo com a ISO, em média, o limiar de percepção para o eixo vertical é de 0,015 m/s^2, podendo a faixa de resposta estender-se de 0,01 a 0,02 m/s^2. Para valores acima do limite de percepção, a sensação aumenta em função do tempo de exposição.

7.2. Dose do Movimento de Enjoo — MSDV

Outra situação prevista na ISO 2631:1-1997 é o enjoo ou náusea que podem produzir as vibrações nas frequências abaixo de 0,5 Hz. Esse efeito depende da posição em pé ou sentado. Nas pessoas deitadas, tem-se observado menor incidência desse efeito, possivelmente em razão do menor movimento da cabeça e do movimento vertical que ocorre no eixo x do corpo.

Segundo essa norma, a probabilidade de ocorrerem sintomas de náusea pelo movimento aumenta com o tempo de exposição (por várias horas). Para períodos mais extensos (dias), ocorre adaptação do movimento.

A dose de movimento de enjoo (The Motion Sickness Dose Value — MSDV) é avaliada por meio da aceleração r.m.s ponderada no eixo Z na faixa de frequência de 0,1 a 0,50Hz. Essa dose é calculada de duas maneiras:

1 — A dose MSDV, sempre que possível, deve ser determinada durante todo período de exposição. Nesse caso, o valor da dose é calculado de acordo com a equação a seguir:

$$MSDV_z = \{ \int_0^T [a_W(t)]^2 dt \}^{\frac{1}{2}} \quad \textbf{(43)}$$

Sendo:

$A_w(t)$ aceleração ponderada na direção do eixo z (recomenda-se a utilização da frequência ponderada w_f)

T — tempo em segundos total de duração do movimento

2 — Se a exposição é contínua e a intensidade da vibração é relativamente constante, a avaliação pode ser feita em curto tempo, no mínimo, 240 segundos. Nesse caso, o cálculo do MSDV é dado pela equação:

$$MSDV_z = a_w T_0^{1/2} \quad \textbf{(44)}$$

Existe grande variação de susceptibilidade dos indivíduos aos efeitos das vibrações de baixa frequência. Segundo a norma ISO, as mulheres são mais propensas a ter enjoo produzido pelo movimento, diminuindo a ocorrência desses sintomas com o aumento da idade.

A estimativa do percentual de pessoas que podem sofrer vômitos é feita utilizando a seguinte equação:

$$\% \text{ de pessoas com vômitos} = K_m \times MSDV_z \quad \textbf{(45)}$$

K_m — é uma constante que varia segundo a população exposta (idade, sexo, experiência, entre outros). Para uma população de homens e mulheres adultos e não adultos, o valor recomendado é K_m = 1/3. Esse valor é baseado na exposição ao movimento entre 20 minutos a 6 horas, com predominância de vômitos em cerca de 70% das pessoas.

7.3. Vibração de edifícios

a) Considerações

A norma ISO 2631-2, 2003, cancelou e substituiu a norma ISO de 1989 e complementa e unifica seus critérios com a norma ISO 2631-1, 1997. Esta parte da ISO 2631 trata da exposição dos indivíduos à vibração de choque em edifícios quanto ao conforto e perturbação dos ocupantes.

A norma 2631-2:2003 especifica o método de avaliação, compreendendo a determinação da direção, fontes e local da medição. Essa norma recomenda a ponderação nas frequências (W_m) na faixa de 1 Hz a 80 Hz, na qual a postura do ocupante não precisa ser definida.

A norma 2631-2:2003 não define limite, sob o argumento de que até o momento não há informações sobre os valores aceitáveis da intensidade de vibração para fins de incômodo do sossego público. Todavia, a referida norma menciona que em muitos países há queixas dos ocupantes de edifício residencial, quando sua intensidade da vibração é ligeiramente superior aos níveis de percepção ISO 2631-1:1997, anexo C.

b) Limite de percepção — ISO 2631-1:1997 — Anexo C

Segundo a norma ISO 2631-1:1997 — anexo C, a definição de limites para fins de conforto e perturbação é complexo, vez que a reação diante desse tipo de vibração depende da pessoa, do equipamento, do local, entre outros.

Conforme essa norma, em vários países, os ocupantes de edifícios residenciais relataram queixas quando a intensidade da vibração foi superior ao limite de percepção.

De acordo com a ISO 2631-1:1997 — anexo C, o limite de percepção é de aproximadamente 0,015 m/s^2 (valor ponderado no eixo Z), podendo estender-se a 0,01m/s^2 a 0,02m/s^2 (valores de pico).

PARTE VIII

AVALIAÇÃO DE VIBRAÇÃO PARA FINS DE INSALUBRIDADE E APOSENTADORIA ESPECIAL

8.1. Insalubridade

O anexo 8 da NR-15 dispõe:

Sumário:

1. Objetivos

2. Caracterização e classificação da insalubridade

1. Objetivos

1.1 Estabelecer critérios para caracterização da condição de trabalho insalubre decorrente da exposição às Vibrações de Mãos e Braços (VMB) e Vibrações de Corpo Inteiro (VCI).

1.2 Os procedimentos técnicos para a avaliação quantitativa das VCI e VMB são os estabelecidos nas Normas de Higiene Ocupacional da FUNDACENTRO.

2. Caracterização e classificação da insalubridade

2.1 Caracteriza-se a condição insalubre caso seja superado o limite de exposição ocupacional diária a VMB correspondente a um valor de aceleração resultante de exposição normalizada (aren) de 5 m/s^2.

2.2 Caracteriza-se a condição insalubre caso sejam superados quaisquer dos limites de exposição ocupacional diária a VCI:

a) valor da aceleração resultante de exposição normalizada (aren) de 1,1 m/s^2;

b) valor da dose de vibração resultante (VDVR) de 21,0 $m/s^{1,75}$.

2.2.1 Para fins de caracterização da condição insalubre, o empregador deve comprovar a avaliação dos dois parâmetros acima descritos.

2.3 As situações de exposição a VMB e VCI superiores aos limites de exposição ocupacional são caracterizadas como insalubres em grau médio.

2.4 A avaliação quantitativa deve ser representativa da exposição, abrangendo aspectos organizacionais e ambientais que envolvam o trabalhador no exercício de suas funções.

2.5. A caracterização da exposição deve ser objeto de laudo técnico que contemple, no mínimo, os seguintes itens:

a) Objetivo e datas em que foram desenvolvidos os procedimentos;

b) Descrição e resultado da avaliação preliminar da exposição, realizada de acordo com o item 3 do Anexo 1 da NR-9 do MTE;

c) Metodologia e critérios empregados, inclusas a caracterização da exposição e representatividade da amostragem;

d) Instrumentais utilizados, bem como o registro dos certificados de calibração;

e) Dados obtidos e respectiva interpretação;

f) Circunstâncias específicas que envolveram a avaliação;

g) Descrição das medidas preventivas e corretivas eventualmente existentes e indicação das necessárias, bem como a comprovação de sua eficácia;

h) Conclusão.

De acordo com o anexo 8 da NR-15, caracteriza-se a condição insalubre caso sejam superados quaisquer dos limites de exposição ocupacional diária a VCI:

a) valor da aceleração resultante de exposição normalizada (aren) de 1,1 m/s^2;

b) valor da dose de vibração resultante (VDVR) de 21,0 $m/s^{1,75}$.

Na vibração de mãos e braços, o anexo 8 da NR-15 determina que caracteriza-se a condição insalubre caso seja superado o limite de exposição ocupacional diária a VMB correspondente a um valor de aceleração resultante de exposição normalizada (aren) de 5 m/s^2.

Como explicado e exemplificado anteriormente, na avaliação ocupacional da vibração deve-se determinar o aren e a dose de Vibração, no caso da vibração de corpo inteiro.

O aren corresponde ao A(8), aceleração normalizada para oito horas explicado no item 7.2.1 letra b, enquanto o are e o AEQ referente à avaliação em determinado tempo da jornada de trabalho, considerando as exposições parciais em diferentes magnitudes de acelerações.

Outro limite previsto no anexo 8 da NR-15, para avaliação de corpo inteiro, é o VDVR, que não deve superar a 21 $m/s^{1,75}$. O VDVR corresponde à dose de vibração utilizando a quarta potência. Esse método é mais sensível aos picos de vibração e deve ser usado juntamente com aceleração r.m.s para estimar o riscos de exposição na VCI. Segundo a NHO-09, o Valor da dose de vibração resultante (VDVR): corresponde ao valor da dose de vibração representativo da exposição ocupacional diária.

Com a alteração do anexo 8 da NR-15, a caracterização da possível insalubridade por esse agente ficou tecnicamente adequada, vez que foi adotado os limites de exposição das normas técnicas atuais sobre a matéria. Vale destacar que a insalubridade por exposição à vibração não pode ser neutralizada por meio de EPI.

8.2. Aposentadoria especial

O Decreto n. 3.048/99 em seu anexo IV dispõe:

> "2.0.0 AGENTES FÍSICOS — Exposição acima dos limites de tolerância especificados ou às atividades descritas.
>
> 2.0.2 VIBRAÇÕES — a) trabalhos com perfuratrizes e marteletes pneumáticos — 25 ANOS"

Como se depreende do dispositivo legal, a concessão da aposentadoria especial ocorrerá quando a exposição à vibração superar o limite de tolerância. A Instrução Normativa do INSS, que regulamenta a matéria, adotou a mesma regra do anexo 8 da NR-15, ao determinar que a aposentadoria especial será devida, quando a exposição ocupacional à vibração superar os limites da ISO 2631 e ISO/DIS 5349 e suas substitutas, devendo ser respeitadas as metodologias e os procedimentos de avaliação que elas autorizam. Todavia, como comentado anteriormente, a alteração do anexo 8 da NR-15 proporciona a caraterização técnica da exposição a vibração e, consequentemente, o direito ou não ao benefício de aposentadoria especial.

O laudo técnico visando à comprovação da exposição à vibração deverá avaliar e analisar os dados com base nas normas e critérios mencionados anteriormente, além de fundamentar seu parecer de maneira a fornecer ao perito do INSS elementos técnicos e científicos para formar seu convencimento sobre a situação concreta e tomar sua decisão de deferir ou não o direito ao benefício de aposentadoria especial.

Com relação às atividades com perfuratriz e marteletes pneumáticos, o dispositivo legal citado determina que o direito à aposentadoria especial ocorrerá quando a exposição for acima do limite ou nas *atividades descritas (grifo nosso)*. Desse modo, considerando que as atividades com esses equipamentos (perfuratrizes e marteletes pneumáticos) são mencionadas expressamente no anexo IV do Decreto n. 3.048/99, a nosso ver, a aposentadoria independe de avaliação quantitativa, ou seja, a aposentadoria especial é inerente à atividade.

Convém salientar, ainda, que a intensidade de vibração nos marteletes pneumáticos é bem elevada e, muitas vezes, supera o limite de tolerância. Todavia, nas perfuratrizes, a intensidade de vibração depende do tipo de equipamento. Atualmente, existem várias perfuratrizes em que a intensidade de vibração não supera o limite de tolerância. Assim, na avaliação ocupacional da vibração nesses equipamentos, também é importante a realização da avaliação quantitativa.

Com relação à eliminação ou neutralização do risco, no caso da vibração, somente a eliminação por meio de medidas coletivas ou administrativas afasta o adicional de insalubridade e a concessão do benefício de aposentadoria especial.

PARTE IX

MEDIDAS DE CONTROLE

A NR-9 determina que deverão ser adotas as medidas necessárias e suficientes para a eliminação, a minimização ou o controle dos riscos ambientais sempre que forem verificadas uma ou mais das seguintes situações:

— identificação, na fase de antecipação, de risco potencial à saúde;

— constatação, na fase de reconhecimento, de risco evidente à saúde;

— quando os resultados das avaliações quantitativas da exposição dos trabalhadores excederem os valores dos limites previstos na NR-15 ou, na ausência destes, os valores limites de exposição ocupacional adotados pela American Conference of Governmental Industrial Higyenists — ACGIH, ou aqueles que venham a ser estabelecidos em negociação coletiva de trabalho, desde que mais rigorosos do que os critérios técnico-legais estabelecidos;

— quando, por meio do controle médico da saúde, ficar caracterizado o nexo causal entre danos observados na saúde dos trabalhadores e a situação de trabalho a que eles ficam expostos.

Essa norma determina ainda que o controle deverá ser feito, prioritariamente, por meio de medidas coletivas (subitem 9.3.5.2). Todavia, quando comprovada pelo empregador ou instituição a inviabilidade técnica da adoção de medidas de proteção coletiva ou quando estas não forem suficientes ou encontrarem-se em fase de estudo, planejamento ou implantação ou ainda em caráter complementar ou emergencial, deverão ser adotadas outras medidas obedecendo-se à seguinte hierarquia (subitem 9.3.5.4):

— Medidas de caráter administrativo ou de organização do trabalho;

— Utilização de Equipamento de Proteção Individual — EPI.

No fator de risco vibração, as medidas coletivas e administrativas são mais eficazes no controle da exposição, vez que não há EPI com fator de atenuação capaz de reduzir a intensidade da vibração abaixo do limite de tolerância, como ocorre, por exemplo, com o ruído.

Outro aspecto importante a ser considerado é que o controle do risco em certas situações pode ser alcançado somente com a adoção de uma medida, enquanto em outras o controle exige várias medidas. Exemplo: colocação de amortecedor no assento e redução do tempo de exposição.

Segundo o anexo 1 da NR-9, as medidas preventivas devem contemplar:

— Avaliação periódica da exposição;

— Orientação dos trabalhadores quanto aos riscos decorrentes da exposição à vibração e à utilização adequada dos equipamentos de trabalho, bem como quanto ao direito de comunicar aos seus superiores sobre níveis anormais de vibração observados durante suas atividades;

— Vigilância da saúde dos trabalhadores focada nos efeitos da exposição à vibração;

— Adoção de procedimentos e métodos de trabalho alternativos que permitam reduzir a exposição a vibrações mecânicas.

9.1. Medidas de controle coletivas

Nos últimos anos, as máquinas e equipamentos estão sendo fabricados com dispositivos de controle de maneira a minimizar os efeitos das vibrações. Cabe ressaltar que o controle na fonte é mais eficiente durante a fabricação dos equipamentos, além disso, nessa fase as medidas de controle da vibração são tecnicamente mais viáveis. Em vários países existem normas que exigem dos fabricantes a informação da intensidade de vibração produzida pelo equipamento. No Brasil, a NR-12 , item 12.128, letra h como também no anexo V, item 3, letra c, da mesma norma que estabelece que os fabricantes e importadores de motosserras instaladas no país introduzirão, nos catálogos e manuais, os níveis de ruído e vibração e a metodologia utilizada para referida medição. Essa exigência legal é importante na seleção das máquinas e equipamentos a serem adquiridos, permitindo ao cliente planejar e antecipar os riscos de exposição a esse agente.

O controle da vibração pode ser alcançado por meio de várias alternativas de medidas, no entanto, deverá ser analisada cada situação visando a selecionar a melhor maneira de controlar esse risco

A seguir, algumas medidas coletivas de caráter geral que poderão ser implantadas no controle desse agente:

— Calibração de pneus: essa medida é importante no controle de vibração de veículos, pois a pressão dos pneus fora das especificações do fabricante aumenta a vibração dos veículos.

— Condições de vias de circulação: as condições das vias internas, estradas, pátios, entre outros, influenciam significativamente na exposição à vibração de corpo inteiro. Assim, a exposição do trabalhador no deslocamento de um veículo numa estrada de pavimentação asfáltica é menor do que numa estrada sem pavimentação. As irregularidades, saliências e buracos contribuem muito no aumento da intensidade de vibração. Desse modo, a manutenção permanente das vias de maneira a corrigir essas irregularidades constitui medida eficaz no controle da vibração;

— Amortecedores de vibração: essa medida também é importante no controle da exposição à vibração, especialmente, em veículos. A vibração transmitida ao operador pode ser reduzida mediante a instalação de amortecedores conforme ilustra a Figura 17 a seguir:

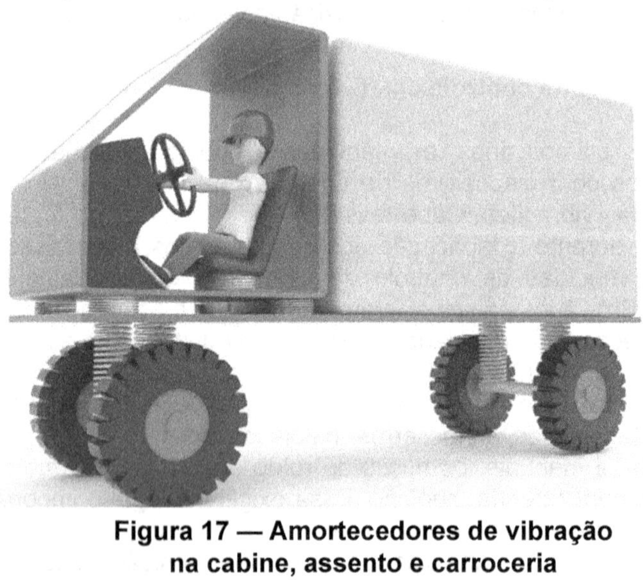

Figura 17 — Amortecedores de vibração na cabine, assento e carroceria

Além das medidas de amortecimento, são importantes as adequações ergonômicas dos assentos, conforme determina a NR-17 e outras normas pertinentes.

a) Velocidade de deslocamento

Nos veículos móveis, tais como caminhões fora de estrada, empilhadeiras, entre outros, a velocidade de deslocamento influencia na intensidade de vibração. Assim, quanto menor a velocidade, a intensidade de vibração cai. Portanto, o controle da velocidade, além de prevenir acidentes, é recomendado na minimização do risco de exposição à vibração.

b) Manutenção

A manutenção das máquinas e equipamentos também é fundamental no controle da vibração. Assim, alinhamento, balanceamento das partes móveis e lubrificação são algumas medidas capazes de diminuir a intensidade de vibração.

c) Ferramentas antivibratórias

A substituição de ferramentas e equipamentos que produzem menor vibração é medida necessária no controle da exposição à vibração de mão e braço. Outra medida é a colocação de revestimento antivibratórios nesses equipamentos, conforme vimos anteriormente, a NR-12 exige que o fabricante especifique a vibração produzida por motosserras, sendo assim, com base nessa informação, deve-se selecionar os equipamentos com menor nível de vibração.

d) Substituição do processo ou método de trabalho

A alteração do processo ou método de trabalho também pode reduzir ou minimizar a exposição à vibração.

Nas vibrações localizadas, devem-se executar práticas adequadas de trabalho que permitam manter as mãos e o corpo do trabalhador aquecidos, bem como minimizar o acoplamento mecânico entre o trabalhador e a ferramenta vibratória.

9.2. Medidas administrativas ou de organização do trabalho

Essa medida pode em várias situações reduzir a exposição abaixo do limite, além disso, em certas situações, constitui a única medida viável e eficaz no controle desse agente. Como vimos anteriormente, o risco de exposição ocupacional à vibração é diretamente ligado ao tempo.

Desse modo, a limitação desse tempo poderá em diversas situações controlar o risco, podendo essa medida ser feita por meio de rodízio ou pausa. A aplicação dessa medida, no entanto, deve ser precedida de estudo detalhado das tarefas e da organização do trabalho, de maneira a alcançar melhor resultado.

Outra medida importante é o treinamento dos trabalhadores sobre o uso correto das ferramentas manuais e operação de veículos, além da conscientização dos riscos de exposição a esse agente. Sendo assim, a análise das tarefas em conjunto com o estudo ergonômico poderão contribuir para a prevenção do risco.

a) Equipamentos de Proteção Individual — EPI

O controle da exposição ocupacional à vibração é praticamente inviável. Na vibração de mão e braço, existem luvas antivibratórias que podem ser utilizadas, porém esse EPI não possui parâmetro objetivo que permita afirmar que seu uso reduz a intensidade da vibração abaixo do limite, como ocorre, por exemplo, com os protetores auriculares no controle do ruído. Ademais, essas luvas oferecem maior proteção nas altas frequências.

b) Controle médico

O controle médico da exposição permite caracterizar o nexo do dano à saúde produzido pela vibração. Desse modo, mesmo que o PPRA seja omisso com relação a esse agente, é importante que no controle médico possíveis danos produzidos por esse agente sejam diagnosticados. Aliás, o Decreto n. 3.048/99, anexo II estabelece a presunção desse nexo conforme transcrição a seguir:

ANEXO II

AGENTES PATOGÊNICOS CAUSADORES DE DOENÇAS PROFISSIONAIS OU DO TRABALHO, CONFORME PREVISTO NO ART. 20 DA LEI N. 8.213, DE 1991

XXII — Vibrações (Afecções dos músculos, tendões, ossos, articulações, vasos sanguíneos periféricos ou dos nervos periféricos)	Indústria metalúrgica, construção naval e automobilística; mineração; agricultura (motosserras); instrumentos pneumáticos; ferramentas vibratórias, elétricas e manuais; condução de caminhões e ônibus.

LISTA A

AGENTES OU FATORES DE RISCO DE NATUREZA OCUPACIONAL RELACIONADOS COM A ETIOLOGIA DE DOENÇAS PROFISSIONAIS E DE OUTRAS DOENÇAS RELACIONADAS COM O TRABALHO

XXII — Vibrações (afecções dos músculos, tendões, ossos, articulações, vasos sanguíneos periféricos ou dos nervos periféricos)	1. Síndrome de Raynaud (I73.0) 2. Acrocianose e Acroparestesia (I73.8) 3. Outros transtornos articulares não classificados em outra parte: Dor Articular (M25.5) 4. Síndrome Cervicobraquial (M53.1) 5. Fibromatose da Fáscia Palmar: "Contratura ou Moléstia de Dupuytren" (M72.0) 6. Lesões do Ombro (M75.-): Capsulite Adesiva do Ombro (Ombro Congelado, Periartrite do Ombro) (M75.0); Síndrome do Manguito Rotatório ou Síndrome do Supraespinhoso (M75.1); Tendinite Bicipital (M75.2); Tendinite Calcificante do Ombro (M75.3); Bursite do Ombro (M75.5); Outras Lesões do Ombro (M75.8); Lesões do Ombro, não especificadas (M75.9) 7. Outras entesopatias (M77.-): Epicondilite Medial (M77.0); Epicondilite lateral ("Cotovelo de Tenista"); Mialgia (M79.1) 8. Outros transtornos especificados dos tecidos moles (M79.8) 9. Osteonecrose (M87.-): Osteonecrose Devida a Drogas (M87.1); Outras Osteonecroses Secundárias (M87.3) 10. Doença de Kienböck do Adulto (Osteocondrose do Adulto do Semilunar do Carpo) (M93.1) e outras Osteocondropatias especificadas (M93.8)

c) Monitoramento

Conforme determina a NR-9, o empregador deverá realizar avaliação sistemática e repetitiva da exposição ocupacional a um dado risco, visando à introdução ou modificação das medidas de controle, sempre que necessário.

Finalmente, o diagrama de bloco a seguir ilustra o método de controle da vibração:

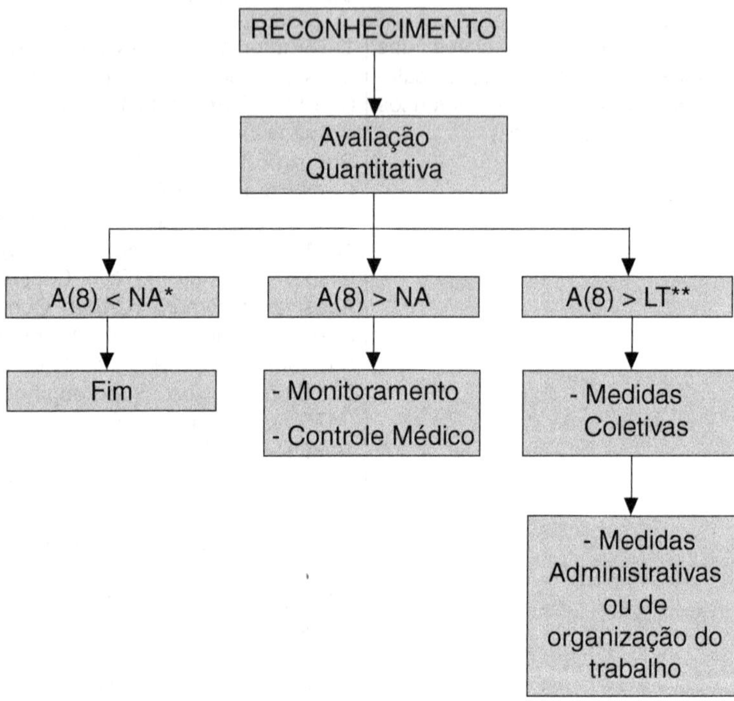

* NA — Nível de Ação
** LT — Limite de Tolerância

APÊNDICES

APÊNDICE I — MODELO DE LAUDO DE AVALIAÇÃO DE VIBRAÇÃO

I — CRITÉRIO UTILIZADO NA AVALIAÇÃO

A avaliação ocupacional de vibração baseou-se nos critérios de avaliação estabelecidos pela NR-15, anexo 8. Essa norma estabelece que caracteriza-se a condição insalubre caso seja superado o limite de exposição ocupacional diária a VMB (Vibração de mãos e braços) correspondente a um valor de aceleração resultante de exposição normalizada (aren) de 5 m/s^2. Caracteriza-se a condição insalubre caso sejam superados quaisquer dos limites de exposição ocupacional diária à VCI (Vibração de Corpo Inteiro):

a) valor da aceleração resultante de exposição normalizada (aren) de 1,1 m/s^2;

b) valor da dose de vibração resultante (VDVR) de 21,0 $m/s^{1,75}$.

II — METODOLOGIA DE AVALIAÇÃO

Os procedimentos técnicos para a avaliação quantitativa das VCI e VMB tomaram como base as Normas de Higiene Ocupacional da FUNDACENTRO.

A avaliação foi feita por Grupo Homogêneo de Exposição, tendo sido analisado o ciclo de trabalho que compõe a atividade dos trabalhadores expostos. Após essa definição, foram realizadas medições em cada operação que compõe o ciclo de trabalho, bem como a determinação dos respectivos tempos de duração.

Com base nesses dados, foram calculadas as Acelerações Equivalentes (AEQ) e as acelerações resultantes da exposição normalizada (aren).

III — INSTRUMENTO UTILIZADO

Para avaliação da exposição ocupacional à vibração foi utilizado o MEDIDOR DE VIBRAÇÃO, com reposta de aceleração ponderada em frequência, conforme especificado na Norma ISO 2631-1-1997 e ISO 5349-86. Já para o caso de corpo inteiro foi utilizado o acelerômetro triaxial montado em adaptador de assento e, para a avaliação de mão e braço, o acelerômetro triaxial foi montado em adaptador e posicionado no ponto onde a energia é transmitida às mãos.

O levantamento de dados constou de análise do ciclo de trabalho e determinação do tempo de exposição em cada tarefa/operação realizada ao longo da jornada de trabalho, tendo sido realizadas medições da aceleração em m/s^2 em cada situação diferente de exposição, bem como os valores das doses.

Com base nesses dados, foi obtida a aceleração equivalente ou are e o aren (aceleração resultante da exposição normalizada). Foi determinado também os valores das doses em cada ciclo em função do tempo de medição e tempo de exposição e calculado o valor da dose global (VDVR), conforme procedimento de avaliação da NHO-10 da FUNDACENTRO.

IV — RESULTADOS DAS AVALIAÇÕES QUANTITATIVAS

<table>
<tr><th colspan="4">Vibração</th></tr>
<tr><td colspan="4">Função:Operador de carregadeira CAT 966-C Data: 20.09.2014</td></tr>
<tr><th>Operação</th><th>Aceleração m/s^2</th><th>Tempo de exposição diário (horas)</th><th>VDVR do ciclo $m/s^{1,75}$</th></tr>
<tr><td>Parada em marcha lenta</td><td>0,93</td><td>2,0</td><td>3,0</td></tr>
<tr><td>Movimentando material nas pilhas</td><td>1,15</td><td>2,25</td><td>12,0</td></tr>
<tr><td>Movimentando material nas pilhas</td><td>0,97</td><td>2,0</td><td>14,0</td></tr>
<tr><td>aren = 0,91 m/s^2</td><td colspan="3">VDVR global = 15,6 $m/s^{1,75}$</td></tr>
<tr><td colspan="4">OBSERVAÇÃO:
Avaliação realizada na carregadeira CAT 966-C durante a atividade normal de movimentação de material e carregamento. Foi considerada a média do vetor soma dos eixos x, y e z.</td></tr>
</table>

V — CONCLUSÃO

A aceleração resultante da exposição normalizada (aren) e o Valor da dose resultante (VDVR) foram inferiores aos limite de exposição estabelecido pela NR-15, anexo 8.

VI — MEDIDAS DE CONTROLE

— Instalar amortecedor no banco da carregadeira;

— Limitar o tempo de exposição;

— Manter o equipamento em boas condições de manutenção, através de inspeção e controle permanente de alinhamento e balanceamento das partes móveis.

APÊNDICE II — NORMA REGULAMENTADORA — NR-09 PROGRAMA DE PREVENÇÃO DE RISCOS AMBIENTAIS — PPRA

9.1. Do objeto e campo de aplicação

9.1.1. Esta Norma Regulamentadora — NR estabelece a obrigatoriedade da elaboração e implementação, por parte de todos os empregadores e instituições que admitam trabalhadores como empregados, do Programa de Prevenção de Riscos Ambientais — PPRA, visando à preservação da saúde e da integridade dos trabalhadores, através da antecipação, reconhecimento, avaliação e consequente controle da ocorrência de riscos ambientais existentes ou que venham a existir no ambiente de trabalho, tendo em consideração a proteção do meio ambiente e dos recursos naturais.

9.1.2. As ações do PPRA devem ser desenvolvidas no âmbito de cada estabelecimento da empresa, sob a responsabilidade do empregador, com a participação dos trabalhadores, sendo sua abrangência e profundidade dependentes das características dos riscos e das necessidades de controle.

9.1.2.1. Quando não forem identificados riscos ambientais nas fases de antecipação ou reconhecimento, descritas nos itens 9.3.2 e 9.3.3, o PPRA poderá resumir-se às etapas previstas nas alíneas “a” e “f” do subitem 9.3.1.

9.1.3. O PPRA é parte integrante do conjunto mais amplo das iniciativas da empresa no campo da preservação da saúde e da integridade dos trabalhadores, devendo estar articulado com o disposto nas demais NR, em especial com o Programa de Controle Médico de Saúde Ocupacional — PCMSO previsto na NR-7.

9.1.4. Esta NR estabelece os parâmetros mínimos e diretrizes gerais a serem observados na execução do PPRA, podendo os mesmos ser ampliados mediante negociação coletiva de trabalho.

9.1.5. Para efeito desta NR, consideram-se riscos ambientais os agentes físicos, químicos e biológicos existentes nos ambientes de trabalho que, em função de sua natureza, concentração ou intensidade e tempo de exposição, são capazes de causar danos à saúde do trabalhador.

9.1.5.1. Consideram-se agentes físicos as diversas formas de energia a que possam estar expostos os trabalhadores, tais como: ruído, vibrações, pressões anormais, temperaturas extremas, radiações ionizantes, radiações não ionizantes, bem como o infrassom e o ultrassom.

9.1.5.2. Consideram-se agentes químicos as substâncias, compostos ou produtos que possam penetrar no organismo pela via respiratória, nas formas de poeiras, fumos, névoas, neblinas, gases ou vapores, ou que, pela natureza da atividade de exposição, possam ter contato ou ser absorvido pelo organismo através da pele ou por ingestão.

9.1.5.3. Consideram-se agentes biológicos as bactérias, fungos, bacilos, parasitas, protozoários, vírus, entre outros.

9.2. Da estrutura do PPRA

9.2.1. O Programa de Prevenção de Riscos Ambientais deverá conter, no mínimo, a seguinte estrutura:

a) planejamento anual com estabelecimento de metas, prioridades e cronograma;

b) estratégia e metodologia de ação;

c) forma do registro, manutenção e divulgação dos dados;

d) periodicidade e forma de avaliação do desenvolvimento do PPRA.

9.2.1.1. Deverá ser efetuada, sempre que necessário e pelo menos uma vez ao ano, uma análise global do PPRA para avaliação do seu desenvolvimento e realização dos ajustes necessários e estabelecimento de novas metas e prioridades.

9.2.2. O PPRA deverá estar descrito num documento-base contendo todos os aspectos estruturais constantes do item 9.2.1.

9.2.2.1. O documento-base e suas alterações e complementações deverão ser apresentados e discutidos na CIPA, quando existente na empresa, de acordo com a NR-5, sendo sua cópia anexada ao livro de atas desta Comissão.

9.2.2.2. O documento-base e suas alterações deverão estar disponíveis de modo a proporcionar o imediato acesso às autoridades competentes.

9.2.3. O cronograma previsto no item 9.2.1 deverá indicar claramente os prazos para o desenvolvimento das etapas e cumprimento das metas do PPRA.

9.3. Do desenvolvimento do PPRA

9.3.1. O Programa de Prevenção de Riscos Ambientais deverá incluir as seguintes etapas:

a) antecipação e reconhecimento dos riscos;

b) estabelecimento de prioridades e metas de avaliação e controle;

c) avaliação dos riscos e da exposição dos trabalhadores;

d) implantação de medidas de controle e avaliação de sua eficácia;

e) monitoramento da exposição aos riscos;

f) registro e divulgação dos dados.

9.3.1.1. A elaboração, implementação, acompanhamento e avaliação do PPRA poderão ser feitas pelo Serviço Especializado em Engenharia de Segurança e em Medicina do Trabalho — SESMT ou por pessoa ou equipe de pessoas que, a critério do empregador, sejam capazes de desenvolver o disposto nesta NR.

9.3.2. A antecipação deverá envolver a análise de projetos de novas instalações, métodos ou processos de trabalho, ou de modificação dos já existentes, visando a identificar os riscos potenciais e introduzir medidas de proteção para sua redução ou eliminação.

9.3.3. O reconhecimento dos riscos ambientais deverá conter os seguintes itens, quando aplicáveis:

a) a sua identificação;

b) a determinação e localização das possíveis fontes geradoras;

c) a identificação das possíveis trajetórias e dos meios de propagação dos agentes no ambiente de trabalho;

d) a identificação das funções e determinação do número de trabalhadores expostos;

e) a caracterização das atividades e do tipo da exposição;

f) a obtenção de dados existentes na empresa, indicativos de possível comprometimento da saúde decorrente do trabalho;

g) os possíveis danos à saúde relacionados aos riscos identificados, disponíveis na literatura técnica;

h) a descrição das medidas de controle já existentes.

9.3.4. A avaliação quantitativa deverá ser realizada sempre que necessária para:

a) comprovar o controle da exposição ou a inexistência de riscos identificados na etapa de reconhecimento;

b) dimensionar a exposição dos trabalhadores;

c) subsidiar o equacionamento das medidas de controle.

9.3.5. Das medidas de controle

9.3.5.1. Deverão ser adotadas as medidas necessárias suficientes para a eliminação, a minimização ou o controle dos riscos ambientais sempre que forem verificadas uma ou mais das seguintes situações:

a) identificação, na fase de antecipação, de risco potencial à saúde;

b) constatação, na fase de reconhecimento de risco evidente à saúde;

c) quando os resultados das avaliações quantitativas da exposição dos trabalhadores excederem os valores dos limites previstos na NR-15 ou, na ausência destes os valores limites de exposição ocupacional adotados pela American Conference of Governmental Industrial Higyenists — ACGIH, ou aqueles que venham a ser estabelecidos em negociação coletiva de trabalho, desde que mais rigorosos do que os critérios técnico-legais estabelecidos;

d) quando, através do controle médico da saúde, ficar caracterizado o nexo causal entre danos observados na saúde os trabalhadores e a situação de trabalho a que eles ficam expostos.

9.3.5.2. O estudo desenvolvimento e implantação de medidas de proteção coletiva deverão obedecer à seguinte hierarquia:

a) medidas que eliminam ou reduzam a utilização ou a formação de agentes prejudiciais à saúde;

b) medidas que previnam a liberação ou disseminação desses agentes prejudiciais à saúde;

c) medidas que reduzam os níveis ou a concentração desses agentes no ambiente de trabalho.

9.3.5.3. A implantação de medidas de caráter coletivo deverá ser acompanhada de treinamento dos trabalhadores quanto aos procedimentos que assegurem a sua eficiência e de informação sobre as eventuais limitações de proteção que ofereçam;

9.3.5.4. Quando comprovado pelo empregador ou instituição a inviabilidade técnica da adoção de medidas de proteção coletiva ou quando estas não forem suficientes ou encontrarem-se em fase de estudo, planejamento ou implantação ou ainda em caráter complementar ou emergencial, deverão ser adotadas outras medidas obedecendo-se à seguinte hierarquia:

a) medidas de caráter administrativo ou de organização do trabalho;

b) utilização de Equipamento de Proteção Individual — EPI.

9.3.5.5. A utilização de EPI no âmbito do programa deverá considerar as Normas Legais e Administrativas em vigor e envolver no mínimo:

a) seleção do EPI adequado tecnicamente ao risco a que o trabalhador está exposto e à atividade exercida, considerando-se a eficiência necessária para o controle da exposição ao risco e o conforto oferecido segundo avaliação do trabalhador usuário;

b) programa de treinamento dos trabalhadores quanto à sua correta utilização e orientação sobre as limitações de proteção que o EPI oferece;

c) estabelecimento de normas ou procedimento para promover o fornecimento, o uso, a guarda, a higienização, a conservação, a manutenção e a reposição do EPI, visando a garantir as condições de proteção originalmente estabelecidas;

d) caracterização das funções ou atividades dos trabalhadores, com a respectiva identificação dos EPI utilizado para os riscos ambientais.

9.3.5.6. O PPRA deve estabelecer critérios e mecanismos de avaliação da eficácia das medidas de proteção implantadas considerando os dados obtidos nas avaliações realizadas e no controle médico da saúde previsto na NR-7.

9.3.6. Do nível de ação

9.3.6.1. Para os fins desta NR, considera-se nível de ação o valor acima do qual devem ser iniciadas ações preventivas de forma a minimizar a probabilidade de que as exposições a agentes ambientais ultrapassem os limites de exposição. As ações devem incluir o monitoramento periódico da exposição, a informação aos trabalhadores e o controle médico.

9.3.6.2. Deverão ser objeto de controle sistemático as situações que apresentem exposição ocupacional acima dos níveis de ação, conforme indicado nas alíneas que seguem:

a) para agentes químicos, a metade dos limites de exposição ocupacional considerados de acordo com a alínea "c" do subitem 9.3.5.1;

b) para o ruído, a dose de 0,5 (dose superior a 50%), conforme critério estabelecido na NR-15, Anexo I, item 6.

9.3.7. Do monitoramento

9.3.7.1. Para o monitoramento da exposição dos trabalhadores e das medidas de controle deve ser realizada uma avaliação sistemática e repetitiva da exposição a um dado risco, visando à introdução ou modificação das medidas de controle, sempre que necessário.

9.3.8. Do registro de dados

9.3.8.1. Deverá ser mantido pelo empregador ou instituição um registro de dados, estruturado de forma a constituir um histórico técnico e administrativo do desenvolvimento do PPRA.

9.3.8.2. Os dados deverão ser mantidos por um período mínimo de 20 (vinte) anos.

9.3.8.3. O registro de dados deverá estar sempre disponível aos trabalhadores interessados ou seus representantes e para as autoridades competentes.

9.4. Das responsabilidades

9.4.1. Do empregador:

I — estabelecer, implementar e assegurar o cumprimento do PPRA como atividade permanente da empresa ou instituição.

9.4.2. Dos trabalhadores:

I — colaborar e participar na implantação e execução do PPRA;

II — seguir as orientações recebidas nos treinamentos oferecidos dentro do PPRA;

III — informar ao seu superior hierárquico direto ocorrências que, a seu julgamento, possam implicar risco à saúde dos trabalhadores.

9.5. Da informação

9.5.1. Os trabalhadores interessados terão o direito de apresentar propostas e receber informações e orientações a fim de assegurar a proteção aos riscos ambientais identificados na execução do PPRA.

9.5.2. Os empregadores deverão informar os trabalhadores de maneira apropriada e suficiente sobre os riscos ambientais que possam originar-se nos locais de trabalho e sobre os meios disponíveis para prevenir ou limitar tais riscos e para proteger-se dos mesmos.

9.6. Das disposições finais

9.6.1. Sempre que vários empregadores realizem, simultaneamente, atividades no mesmo local de trabalho terão o dever de executar ações integradas para aplicar as medidas previstas no PPRA visando à proteção de todos os trabalhadores expostos aos riscos ambientais gerados.

9.6.2. O conhecimento e a percepção que os trabalhadores têm do processo de trabalho e dos riscos ambientais presentes, incluindo os dados consignados no Mapa de Riscos, previsto na NR-5, deverão ser considerados para fins de planejamento e execução do PPRA em todas as suas fases.

9.6.3. O empregador deverá garantir que, na ocorrência de riscos ambientais nos locais de trabalho que coloquem em situação de grave e iminente risco um ou mais trabalhadores, os mesmos possam interromper de imediato as suas atividades, comunicando o fato ao superior hierárquico direto para as devidas providências.

ANEXO I (incluído pela Portaria n. 1.297 de 13 de agosto de 2014)

Sumário:

1. Objetivos
2. Disposições Gerais
3. Avaliação Preliminar da Exposição
4. Avaliação Quantitativa da Exposição
5. Medidas Preventivas e Corretivas
6. Parâmetros utilizados na avaliação da exposição

1. Objetivos

1.1 Definir critérios para prevenção de doenças e distúrbios decorrentes da exposição ocupacional às Vibrações em Mãos e Braços — VMB e às Vibrações de Corpo Inteiro — VCI, no âmbito do Programa de Prevenção de Riscos Ambientais.

2. Disposições Gerais

2.1 Os empregadores devem adotar medidas de prevenção e controle da exposição às vibrações mecânicas que possam afetar a segurança e a saúde dos trabalhadores, eliminando o risco ou, onde comprovadamente não houver tecnologia disponível, reduzindo-o aos menores níveis possíveis.

2.1.1 No processo de eliminação ou redução dos riscos relacionados à exposição às vibrações mecânicas devem ser considerados, entre outros fatores, os esforços físicos e aspectos posturais.

2.2 O empregador deve comprovar, no âmbito das ações de manutenção preventiva e corretiva de veículos, máquinas, equipamentos e ferramentas, a adoção de medidas efetivas que visem o controle e a redução da exposição a vibrações.

2.3 As ferramentas manuais vibratórias que produzam acelerações superiores a 2,5 m/s^2 nas mãos dos operadores devem informar junto às suas especificações técnicas a vibração emitida pelas mesmas, indicando as normas de ensaio que foram utilizadas para a medição.

3. Avaliação Preliminar da Exposição

3.1 Deve ser realizada avaliação preliminar da exposição às VMB e VCI, no contexto do reconhecimento e da avaliação dos riscos, considerando-se também os seguintes aspectos:

a) ambientes de trabalho, processos, operações e condições de exposição;

b) características das máquinas, veículos, ferramentas ou equipamentos de trabalho;

c) informações fornecidas por fabricantes sobre os níveis de vibração gerados por ferramentas, veículos, máquinas ou equipamentos envolvidos na exposição, quando disponíveis;

d) condições de uso e estado de conservação de veículos, máquinas, equipamentos e ferramentas, incluindo componentes ou dispositivos de isolamento e amortecimento que interfiram na exposição de operadores ou condutores;

e) características da superfície de circulação, cargas transportadas e velocidades de operação, no caso de VCI;

f) estimativa de tempo efetivo de exposição diária;

g) constatação de condições específicas de trabalho que possam contribuir para o agravamento dos efeitos decorrentes da exposição;

h) esforços físicos e aspectos posturais;

i) dados de exposição ocupacional existentes;

j) informações ou registros relacionados a queixas e antecedentes médicos relacionados aos trabalhadores expostos.

3.2 Os resultados da avaliação preliminar devem subsidiar a adoção de medidas preventivas e corretivas, sem prejuízo de outras medidas previstas nas demais NR.

3.3 Se a avaliação preliminar não for suficiente para permitir a tomada de decisão quanto à necessidade de implantação de medidas preventivas e corretivas, deve-se proceder à avaliação quantitativa.

4. Avaliação Quantitativa da Exposição

4.1 A avaliação quantitativa deve ser representativa da exposição, abrangendo aspectos organizacionais e ambientais que envolvam o trabalhador no exercício de suas funções.

4.1.1 Os procedimentos de avaliação quantitativa para VCI e VMB, a serem adotados no âmbito deste anexo, são aqueles estabelecidos nas Normas de Higiene Ocupacional publicadas pela FUNDACENTRO.

4.2 Avaliação quantitativa da exposição dos trabalhadores às VMB

4.2.1 A avaliação da exposição ocupacional à vibração em mãos e braços deve ser feita utilizando-se sistemas de medição que permitam a obtenção da aceleração resultante de exposição normalizada (aren), parâmetro representativo da exposição diária do trabalhador.

4.2.2 O nível de ação para a avaliação da exposição ocupacional diária à vibração em mãos e braços corresponde a um valor de aceleração resultante de exposição normalizada (aren) de 2,5 m/s^2.

4.2.3 O limite de exposição ocupacional diária à vibração em mãos e braços corresponde a um valor de aceleração resultante de exposição normalizada (aren) de 5 m/s^2.

4.2.4 As situações de exposição ocupacional superior ao nível de ação, independentemente do uso de equipamentos de proteção individual, implicam obrigatória adoção de medidas de caráter preventivo, sem prejuízo do disposto no item 9.3.5.1 da NR-9.

4.2.5 As situações de exposição ocupacional superior ao limite de exposição, independentemente do uso de equipamentos de proteção individual, implicam obrigatória adoção de medidas de caráter corretivo, sem prejuízo do disposto no item 9.3.5.1 da NR-9.

4.3 Avaliação quantitativa da exposição dos trabalhadores às VCI.

4.3.1 A avaliação da exposição ocupacional à vibração de corpo inteiro deve ser feita utilizando-se sistemas de medição que permitam a determinação da aceleração resultante de exposição normalizada (aren) e do valor da dose de vibração resultante (VDVR), parâmetros representativos da exposição diária do trabalhador.

4.3.2 O nível de ação para a avaliação da exposição ocupacional diária à vibração de corpo inteiro corresponde a um valor da aceleração resultante de exposição normalizada (aren) de $0{,}5m/s^2$, ou ao valor da dose de vibração resultante (VDVR) de $9{,}1m/s^{1,75}$.

4.3.3 O limite de exposição ocupacional diária à vibração de corpo inteiro corresponde ao:

a) valor da aceleração resultante de exposição normalizada (aren) de $1{,}1\ m/s^2$; ou

b) valor da dose de vibração resultante (VDVR) de $21{,}0\ m/s^{1,75}$.

4.3.3.1 Para fins de caracterização da exposição, o empregador deve comprovar a avaliação dos dois parâmetros acima descritos.

4.3.4 As situações de exposição ocupacional superiores ao nível de ação implicam obrigatória adoção de medidas de caráter preventivo, sem prejuízo do disposto no item 9.3.5.1 da NR-9.

4.3.5 As situações de exposição ocupacional superiores ao limite de exposição ocupacional implicam obrigatória adoção de medidas de caráter corretivo, sem prejuízo do disposto no item 9.3.5.1 da NR-9.

5. Medidas Preventivas e Corretivas

5.1 As medidas preventivas devem contemplar:

a) Avaliação periódica da exposição;

b) Orientação dos trabalhadores quanto aos riscos decorrentes da exposição à vibração e à utilização adequada dos equipamentos de trabalho, bem como quanto ao direito de comunicar aos seus superiores sobre níveis anormais de vibração observados durante suas atividades;

c) Vigilância da saúde dos trabalhadores focada nos efeitos da exposição à vibração;

d) Adoção de procedimentos e métodos de trabalho alternativos que permitam reduzir a exposição a vibrações mecânicas.

5.1.1 As medidas de caráter preventivo descritas neste item não excluem outras medidas que possam ser consideradas necessárias ou recomendáveis em função das particularidades de cada condição de trabalho.

5.2 As medidas corretivas devem contemplar, no mínimo, uma das medidas abaixo, obedecida a hierarquia prevista na NR-9:

a) No caso de exposição às VMB, modificação do processo ou da operação de trabalho, podendo envolver: a substituição de ferramentas e acessórios; a reformulação ou a reorganização de bancadas e postos de trabalho; a alteração das rotinas ou dos procedimentos de trabalho; a adequação do tipo de ferramenta, do acessório utilizado e das velocidades operacionais;

b) No caso de exposição às VCI, modificação do processo ou da operação de trabalho, podendo envolver: o reprojeto de plataformas de trabalho; a reformulação, a reorganização ou a alteração das rotinas ou dos procedimentos e organização do trabalho; a adequação de veículos utilizados, especialmente pela adoção de assentos antivibratórios; a melhoria das condições e das características dos pisos e pavimentos utilizados para circulação das máquinas e dos veículos;

c) Redução do tempo e da intensidade de exposição diária à vibração;

d) Alternância de atividades ou operações que gerem exposições a níveis mais elevados de vibração com outras que não apresentem exposições ou impliquem exposições a menores níveis.

5.2.1 As medidas de caráter corretivo mencionadas não excluem outras medidas que possam ser consideradas necessárias ou recomendáveis em função das particularidades de cada condição de trabalho.

APÊNDICE III — NORMA REGULAMENTADORA — NR-12 ANEXO V

ANEXO V

MOTOSSERRAS

1. ....

....

2. RUÍDOS E VIBRAÇÕES. Os fabricantes e importadores de motosserras instalados no País introduzirão, nos catálogos e manuais de instruções de todos os modelos de motosserras, os seus níveis de ruído e vibração e a metodologia utilizada para a referida aferição.

3. MANUAL DE INSTRUÇÕES. Todas as motosserras fabricadas e importadas serão comercializadas com Manual de Instruções contendo informações relativas à segurança e à saúde no trabalho especialmente:

a) ....

b) ....

c) especificações de ruído e vibração;

ANEXO IV

CLASSIFICAÇÃO DOS AGENTES NOCIVOS

2.0.0	**AGENTES FÍSICOS** **Exposição acima dos limites de tolerância especificados ou às atividades descritas.**	
2.0.2	VIBRAÇÕES a) trabalhos com perfuratrizes e marteletes pneumáticos.	25 ANOS

ANEXO II

Alterado pelo DECRETO N. 6.042 — DE 12 DE FEVEREIRO DE 2007
DOU DE 12.2.2007

AGENTES PATOGÊNICOS CAUSADORES DE DOENÇAS PROFISSIONAIS OU DO TRABALHO, CONFORME PREVISTO NO ART. 20 DA LEI N. 8.213, DE 1991

AGENTES PATOGÊNICOS	TRABALHOS QUE CONTÊM O RISCO
FÍSICOS	
XXII — VIBRAÇÕES (Afecções dos músculos, tendões, ossos, articulações, vasos sanguíneos periféricos ou dos nervos periféricos)	Indústria metalúrgica, construção naval e automobilística; mineração; agricultura (motosserras); instrumentos pneumáticos; ferramentas vibratórias, elétricas e manuais; condução de caminhões e ônibus.

LISTA A

AGENTES OU FATORES DE RISCO DE NATUREZA OCUPACIONAL RELACIONADOS COM A ETIOLOGIA DE DOENÇAS PROFISSIONAIS E DE OUTRAS DOENÇAS RELACIONADAS COM O TRABALHO

AGENTES ETIOLÓGICOS OU FATORES DE RISCO DE NATUREZA OCUPACIONAL	DOENÇAS CAUSALMENTE RELACIONADAS COM OS RESPECTIVOS AGENTES OU FATORES DE RISCO (DENOMINADAS E CODIFICADAS SEGUNDO A CID-10)
XXII — Vibrações (afecções dos músculos, tendões, ossos, articulações, vasos sanguíneos periféricos ou dos nervos periféricos)	1. Síndrome de Raynaud (I73.0) 2. Acrocianose e Acroparestesia (I73.8) 3. Outros transtornos articulares não classificados em outra parte: Dor Articular (M25.5) 4. Síndrome Cervicobraquial (M53.1) 5. Fibromatose da Fáscia Palmar: "Contratura ou Moléstia de Dupuytren" (M72.0) 6. Lesões do Ombro (M75.-): Capsulite Adesiva do Ombro (Ombro Congelado, Periartrite do Ombro) (M75.0); Síndrome

AGENTES ETIOLÓGICOS OU FATORES DE RISCO DE NATUREZA OCUPACIONAL	DOENÇAS CAUSALMENTE RELACIONADAS COM OS RESPECTIVOS AGENTES OU FATORES DE RISCO (DENOMINADAS E CODIFICADAS SEGUNDO A CID-10)
	do Manguito Rotatório ou Síndrome do Supraespinhoso (M75.1); Tendinite Bicipital (M75.2); Tendinite Calcificante do Ombro (M75.3); Bursite do Ombro (M75.5); Outras Lesões do Ombro (M75.8); Lesões do Ombro não especificadas (M75.9) 7. Outras entesopatias (M77.-): Epicondilite Medial (M77.0); Epicondilite lateral ("Cotovelo de Tenista"); Mialgia (M79.1) 8. Outros transtornos especificados dos tecidos moles (M79.8) 9. Osteonecrose (M87.-): Osteonecrose Devida a Drogas (M87.1); Outras Osteonecroses Secundárias (M87.3) 10. Doença de Kienböck do Adulto (Osteocondrose do Adulto do Semilunar do Carpo) (M93.1) e outras Osteocondropatias especificadas (M93.8)

LISTA B

DOENÇAS DO SISTEMA CIRCULATÓRIO RELACIONADAS COM O TRABALHO (Grupo IX da CID-10)

IX — Síndrome de Raynaud (I73.0)	1. Cloreto de vinila (X46.-; Z57.5) (Quadro XIII) 2. Vibrações localizadas (W43.-; Z57.7) (Quadro XXII) 3. Trabalho em baixas temperaturas (frio) (W93.-; Z57.6)
X — Acrocianose e Acroparestesia (I73.8)	1. Cloreto de vinila (X46.-; Z57.5) (Quadro XIII) 2. Vibrações localizadas (W43.-; Z57.7) (Quadro XXII) 3. Trabalho em baixas temperaturas (frio) (W93.-; Z57.6)

DOENÇAS DO SISTEMA OSTEOMUSCULAR E DO TECIDO CONJUNTIVO, RELACIONADAS COM O TRABALHO (Grupo XIII da CID-10)

DOENÇAS	AGENTES ETIOLÓGICOS OU FATORES DE RISCO DE NATUREZA OCUPACIONAL
IV — Outros transtornos articulares não classificados em outra parte: Dor Articular (M25.5)	1. Posições forçadas e gestos repetitivos (Z57.8) 2. Vibrações localizadas (W43.-; Z57.7) (Quadro XXII)
IX — Fibromatose da Fáscia Palmar: "Contratura ou Moléstia de Dupuytren" (M72.0)	1. Posições forçadas e gestos repetitivos (Z57.8) 2. Vibrações localizadas (W43.-; Z57.7) (Quadro XXII)
X — Lesões do Ombro (M75.-): Capsulite Adesiva do Ombro (Ombro Congelado, Periartrite do Ombro) (M75.0); Síndrome do Manguito Rotatório ou Síndrome do Supraespinhoso (M75.1); Tendinite Bicipital (M75.2); Tendinite Calcificante do Ombro (M75.3); Bursite do Ombro (M75.5); Outras Lesões do Ombro (M75.8); Lesões do Ombro, não especificadas (M75.9)	1. Posições forçadas e gestos repetitivos (Z57.8) 2. Ritmo de trabalho penoso (Z56) 3. Vibrações localizadas (W43.-; Z57.7) (Quadro XXII)
XI — Outras entesopatias (M77.-): Epicondilite Medial (M77.0); Epicondilite lateral ("Cotovelo de Tenista"); Mialgia (M79.1)	1. Posições forçadas e gestos repetitivos (Z57.8) 2. Vibrações localizadas (W43.-; Z57.7) (Quadro XXII)
XII — Outros transtornos especificados dos tecidos moles (M79.8)	1. Posições forçadas e gestos repetitivos (Z57.8) 2. Vibrações localizadas (W43.-; Z57.7) (Quadro XXII)
XV — Osteonecrose (M87.-): Osteonecrose devida a drogas (M87.1); Outras Osteonecroses secundárias (M87.3)	1. Fósforo e seus compostos (Sesquissulfeto de Fósforo) (X49.-; Z57.5) (Quadro XII) 2. Vibrações localizadas (W43.-; Z57.7) (Quadro XXII) 3. Radiações ionizantes (Z57.1) (Quadro XXIV)
XVIII — Doença de Kienböck do Adulto (Osteocondrose do Adulto do Semilunar do Carpo) (M93.1) e outras Osteocondropatias especificadas (M93.8)	Vibrações localizadas (W43.-; Z57.7) (Quadro XXII)

DECRETO N. 93.413, DE 15 DE OUTUBRO DE 1986

Promulga a Convenção n. 148 sobre a Proteção dos Trabalhadores Contra os Riscos Profissionais Devidos à Contaminação do Ar, ao Ruído e às Vibrações no Local de Trabalho.

O PRESIDENTE DA REPÚBLICA, considerando que o Congresso Nacional aprovou, pelo Decreto Legislativo n. 56, de 9 de outubro de 1981, a Convenção n. 148, da Organização Internacional do Trabalho, sobre a Proteção dos Trabalhadores Contra os Riscos Profissionais Devidos à Contaminação do Ar, ao Ruído e às Vibrações no Local de Trabalho, assinada em Genebra, a 1º de junho de 1977.

CONSIDERANDO que em 14 de janeiro de 1982, foram depositados os Instrumentos de Ratificação, pelo Brasil,

CONSIDERANDO que a referida Convenção entrou em vigor para o Brasil a 14 de janeiro de 1983,

DECRETA:

Art. 1º A Convenção n. 148, da Organização Internacional do Trabalho sobre a Proteção dos Trabalhadores Contra os Riscos Profissionais Devidos à Contaminação do Ar, ao Ruído e às Vibrações no Local de Trabalho, apensa por cópia ao presente Decreto, será executada e cumprida tão inteiramente como nela se contém.

Art. 2º Este Decreto entrará em vigor na data de sua publicação, revogadas as disposições em contrário.

Brasília, em 15 de outubro de 1986; 165º da Independência e 98º da República.

JOSÉ SARNEY

Roberto Costa de Abreu Sodré

CONFERÊNCIA INTERNACIONAL DO TRABALHO

Convenção 148

Convenção Sobre a Proteção dos Trabalhadores contra os Riscos Profissionais Devidos à Contaminação do Ar, ao Ruído e às Vibrações no Local de Trabalho

A Conferência Geral da Organização Internacional do Trabalho:

Convocada em Genebra pelo Conselho de Administração da Repartição Internacional do Trabalho, e tendo-se ali reunido em 1º de junho de 1977, em sua sexagésima terceira reunião;

Lembrando as disposições das Convenções e Recomendações Internacionais do Trabalho pertinentes, em especial, a Recomendação sobre a Proteção da Saúde dos Trabalhadores, 1953; a Recomendação sobre os Serviços de Medicina do Trabalho, 1959; a Convenção e a Recomendação sobre a Proteção contra as Radiações, 1960; a Convenção e a Recomendação sobre a Proteção da Maquinaria, 1963; a Convenção sobre as Prestações em Caso de Acidentes do Trabalho e Enfermidades Profissionais, 1964; a Convenção e a Recomendação sobre a Higiene (Comércio e Escritórios), 1964; a Convenção e a Recomendação sobre o Câncer Profissional, 1974;

Depois de haver decidido adotar diversas propostas relativas ao meio ambiente de trabalho: contaminação atmosférica, ruído e vibrações, questão que constitui o quarto ponto da Agenda da reunião, e

Depois de haver decidido que as referidas propostas tomasse a forma de uma Convenção internacional, adota, aos vinte de junho do ano de mil novecentos e setenta e sete, a presente Convenção, que poderá ser mencionada como a Convenção sobre o Meio Ambiente de Trabalho (Contaminação do Ar, Ruído e Vibrações), 1977:

Parte I

Campo de Aplicações e Definições

Art. 1

1. A presente Convenção aplica-se a todos os ramos de atividade econômica.

2. Todo Membro que ratifique a presente Convenção, depois de consultar as organizações representativas de empregadores e de trabalhadores interessadas, se tais organizações existirem, poderá excluir de sua aplicação os ramos de atividade econômica em que tal aplicação apresente problemas especiais de certa importância.

3. Todo Membro que ratifique a presente Convenção deverá enumerar, no primeiro relatório que apresente sobre a aplicação da Convenção, de acordo com o art. 22 da Constituição da Organização Internacional do Trabalho, os ramos que houvessem sido excluídos em virtude do § 2 deste artigo, explicando os motivos da referida exclusão, e indicando em relatórios subsequentes o estado da legislação e da prática sobre os ramos excluídos e o grau em que se aplica ou se propõe a aplicar a Convenção a tais ramos.

Art. 2

1. Todo Membro poderá, em consulta com as organizações representativas de empregadores e de trabalhadores, se tais organizações existirem, aceitar separadamente as obrigações previstas na presente Convenção, no que diz respeito:

a) à contaminação do ar;

b) ao ruído;

c) às vibrações.

2. Todo Membro que não aceite as obrigações previstas na Convenção a respeito de uma ou várias categorias de riscos deverá indicá-las no instrumento de ratificação e explicar os motivos de tal exclusão no primeiro relatório sobre a aplicação da Convenção, que submeta nos termos do art. 22 da Constituição da Organização Internacional do Trabalho. Nos relatórios subsequentes deverá indicar o estado da legislação e da prática sobre qualquer categoria de riscos que tenha sido excluída, e o grau em que aplica ou se propõe aplicar a Convenção a tal categoria.

3. Todo Membro que, no momento da ratificação, não tenha aceito as obrigações previstas na Convenção, relativas a todas as categorias de riscos, deverá posteriormente notificar o Diretor-Geral da Repartição Internacional do Trabalho, quando julgue que as circunstâncias o permitem, que aceita tais obrigações com respeito a uma ou várias das categorias anteriormente excluídas.

Art. 3

Para fins da presente Convenção:

a) a expressão "contaminação do ar" compreende o ar contaminado por substâncias que, qualquer que seja seu estado físico, sejam nocivas à saúde ou contenham qualquer outro tipo de perigo;

b) o termo "ruído" compreende qualquer som que possa provocar uma perda de audição ou ser nocivo à saúde ou contenha qualquer outro tipo de perigo;

c) o termo "vibrações" compreende toda vibração transmitida ao organismo humano por estruturas sólidas e que seja nociva à saúde ou contenha qualquer outro tipo de perigo.

Parte II

Disposições Gerais

Art. 4

1. A legislação nacional deverá dispor sobre a adoção de medidas no local de trabalho para prevenir e limitar os riscos profissionais devidos à contaminação do ar, ao ruído e às vibrações, e para proteger os trabalhadores contra tais riscos.

2. Para a aplicação prática das medidas assim prescritas poder-se-á recorrer à adoção de normas técnicas, repertórios de recomendações práticas e outros meios apropriados.

Art. 5

1. Ao aplicar as disposições da presente Convenção, a autoridade competente deverá atuar em consulta com as organizações interessadas mais representativas de empregadores e de trabalhadores.

2. Os representantes dos empregadores e dos trabalhadores estarão associados na elaboração das modalidades de aplicação das medidas prescritas de acordo com o art. 4.

3. Na aplicação das medidas prescritas em virtude da presente Convenção, deverá ser estabelecida colaboração mais estreita possível, em todos os níveis, entre empregadores e trabalhadores.

4. Os representantes do empregador e os representantes dos trabalhadores da empresa deverão ter a possibilidade de acompanhar os agentes de inspeção no controle da aplicação das medidas prescritas de acordo com a presente Convenção, a menos que os agentes de inspeção julguem, à luz das diretrizes gerais da autoridade competente, que isso possa prejudicar a eficácia de seu controle.

Art. 6

1. Os empregadores serão responsáveis pela aplicação das medidas prescritas.

2. Sempre que vários empregadores realizem simultaneamente atividade no mesmo local de trabalho, terão o dever de colaborar para aplicar as medidas prescritas, sem prejuízo da responsabilidade de cada empregador quanto à saúde e à segurança dos trabalhadores que emprega. Nos casos apropriados, a autoridade competente deverá prescrever os procedimentos gerais para efetivar esta colaboração.

Art. 7

1. Deverá obrigar-se aos trabalhadores a observância das normas de segurança destinadas a prevenir e a limitar os riscos profissionais devidos à contaminação do ar, ao ruído e às vibrações no local de trabalho, e a assegurar a proteção contra tais riscos.

2. Os trabalhadores ou seus representantes terão direito a apresentar propostas, receber informações e orientação, e a recorrer a instâncias apropriadas, a fim de assegurar a proteção contra riscos profissionais devidos à contaminação do ar, ao ruído e às vibrações no local de trabalho.

Parte III

Medidas de Prevenção e de Proteção

Art. 8

1. A autoridade competente deverá estabelecer os critérios que permitam os riscos da exposição à contaminação do ar, ao ruído e às vibrações no local de trabalho, e a fixar, quando cabível, com base em tais critérios, os limites de exposição.

2. Ao elaborar os critérios e ao determinar os limites de exposição, a autoridade competente deverá tomar em consideração a opinião de pessoas tecnicamente qualificadas, designadas pelas organizações interessadas mais representativas de empregadores e de trabalhadores.

3. Os critérios e limites de exposição deverão ser fixados, completados e revisados a intervalos regulares, de conformidade com os novos conhecimentos e dados nacionais e internacionais, e tendo em conta, na medida do possível, qualquer aumento dos riscos profissionais resultante da exposição simultânea a vários fatores nocivos no local de trabalho.

Art. 9

Na medida do possível, dever-se-á eliminar todo risco devido à contaminação do ar, ao ruído e às vibrações no local de trabalho:

a) mediante medidas técnicas aplicadas às novas instalações e aos novos métodos de sua elaboração ou de sua instalação, ou mediante medidas técnicas aduzidas às instalações ou operações existentes, ou quando isto não seja possível;

b) mediante medidas complementares de organização do trabalho.

Art. 10

Quando as medidas adotadas em conformidade com o art. 9 não reduzam a contaminação do ar, o ruído e as vibrações no local de trabalho a limites especificados de acordo com o art. 8, o empregador deverá proporcionar e conservar em bom estado o equipamento de proteção pessoal apropriado. O empregador não deverá obrigar um trabalhador a trabalhar sem o equipamento de proteção pessoal previsto neste artigo.

Art. 11

1. O estado de saúde dos trabalhadores expostos ou que possam estar expostos aos riscos profissionais devidos à contaminação do ar, ao ruído e às vibrações no local de trabalho deverá ser objeto de controle, a intervalos apropriados, segundo as modalidades e nas circunstâncias fixadas pela autoridade competente. Este controle deverá compreender um exame médico anterior ao emprego e exames periódicos, conforme determine a autoridade competente.

2. O controle previsto no § 1 do presente Artigo não deverá implicar em despesa para o trabalhador.

3. Quando, por razões médicas, seja desaconselhável a permanência de um trabalhador em uma função sujeita à exposição à contaminação do ar, ao ruído ou às vibrações, deverão ser adotadas todas as medidas compatíveis com a prática e as condições nacionais para transferi-lo para outro emprego adequado ou para assegurar-lhe a manutenção de seus rendimentos, mediante prestações da previdência social ou por qualquer outro meio.

4. As medidas tomadas para aplicar a presente Convenção não deverão afetar desfavoravelmente os direitos dos trabalhadores previstos na legislação sobre a previdência social ou seguros sociais.

Art. 12

A atualização de processos, substâncias, máquinas ou materiais — que serão especificados pela autoridade competente — que impliquem em exposição dos trabalhadores aos riscos profissionais devidos à contaminação do ar, ao ruído e às vibrações no local de trabalho, deverá ser comunicada à autoridade competente, a qual poderá, conforme o caso, autorizá-la, de conformidade com as modalidades determinadas, ou proibi-la.

Art. 13

Todas as pessoas interessadas:

a) deverão ser apropriada e suficientemente informadas sobre os riscos profissionais que possam originar-se no local de trabalho devido à contaminação do ar, ao ruído e às vibrações;

b) deverão receber instruções suficientes e apropriadas quanto aos meios disponíveis para prevenir e limitar tais riscos, e proteger-se dos mesmos.

Art. 14

Deverão ser adotadas medidas, tendo em conta as condições e os recursos nacionais, para promover a pesquisa no campo da prevenção e limitação dos riscos devidos à contaminação do ar, ao ruído e ou às vibrações no local de trabalho.

Parte IV

Medidas de Aplicação

Art. 15

Segundo as modalidades e nas circunstâncias fixadas pela autoridade competente, o empregador deverá designar pessoa competente ou recorrer a serviço especializado, comum ou não a várias empresas, para que se ocupe das questões de prevenção e limitação da contaminação do ar, do ruído e das vibrações no local de trabalho.

Art. 16

Todo membro deverá:

a) adotar, por via legislativa ou por qualquer outro método conforme a prática e as condições nacionais, as medidas necessárias, incluído o estabelecimento de sanções apropriadas, para dar efeito às disposições da presente Convenção;

b) promover serviços de inspeção apropriados para velar pela aplicação das disposições da presente Convenção ou certificar-se de que se exerce uma inspeção adequada.

Art. 17

As ratificações formais desta Convenção deverão ser comunicadas ao Diretor Geral da Repartição Internacional do Trabalho, para registro.

Art. 18

1. Esta Convenção será obrigatória apenas para aqueles Membros da Organização Internacional do Trabalho cujas ratificações tenham sido registradas junto ao Diretor-Geral.

2. Esta Convenção entrará em vigor 12 meses após a data em que tenham sido registradas junto ao Diretor-Geral as ratificações de dois Membros.

3. A partir de então, esta Convenção entrará em vigor para cada Membro, doze meses após a data em que sua ratificação tenha sido registrada.

Art. 19

1. Todo Membro que tenha ratificado esta Convenção poderá, no término de um período de dez anos, a partir da data em que entrou em vigor pela primeira vez, denunciar a Convenção em seu conjunto ou uma ou várias das categorias de riscos a que se refere o art. 2, através de um ato comunicado ao Diretor Geral da Repartição Internacional do Trabalho, para registro. Tal denúncia surtirá efeito um ano depois da data em que tenha sido registrada.

2. Todo Membro que tenha ratificado esta Convenção e que não exerça, durante o ano seguinte à expiração do período de dez anos mencionado no parágrafo anterior, o direito de denúncia previsto neste Artigo, estará obrigado por outro período de dez anos e, a partir de então, poderá denunciar esta Convenção ao término de cada período de dez anos, nos termos previstos neste artigo.

Art. 20

1. O Diretor-Geral da Repartição Internacional do Trabalho deverá comunicar a todos os Membros da Organização Internacional do Trabalho o registro de todas as ratificações, declarações e denúncias comunicadas pelos Membros da Organização.

2. Ao comunicar aos Membros da Organização o registro da segunda ratificação, o Diretor-Geral chamará a atenção dos Membros para a data em que a Convenção entrará em vigor.

Art. 21

O Diretor-Geral da Repartição Internacional do Trabalho comunicará ao Secretário-Geral das Nações Unidas, para fins de registro e de conformidade com o art. 102 da Carta das Nações Unidas, uma informação completa sobre todas as ratificações, declarações e atos de denúncia registrados por ele, de acordo com os termos dos Artigos precedentes.

Art. 22

Toda vez que julgue necessário, o Conselho de Administração da Repartição Internacional do Trabalho apresentará à Conferência um relatório sobre a aplicação da Convenção e examinará a conveniência de ser colocada na Agenda da Conferência a questão de sua revisão total ou parcial.

Art. 23

1. Caso a Conferência adote nova Convenção que modifique total ou parcialmente a presente Convenção, então, a menos que a nova Convenção determine em contrário:

a) a ratificação por um Membro da nova Convenção modificativa implicará, *ipso jure,* na denúncia imediata da presente Convenção, não obstante as determinações do art. 19, quando a nova Convenção modificativa tenha entrado em vigor;

b) a partir da data da entrada em vigor da nova Convenção modificativa, a presente Convenção deixará de estar aberta à ratificação pelos Membros.

2. Esta Convenção entrará em vigor, em sua forma e conteúdo originais, para aqueles Membros que a tenham ratificado, mas que não tenham ratificado a Convenção modificativa.

Art. 24

As versões em inglês e francês do texto desta Convenção são igualmente autênticas.

REFERÊNCIAS BIBLIOGRÁFICAS

ALFARO, María Gómez — Cano — Instituto Nacional de Seguridad e Higiene en el Trabajo — NTP — Notas Técnicas de Prevención 784 — Evaluación de las vibraciones de cuerpo completo sobre el confort, percepción y mareo producido por el movimiento.

AMARAL, Fernando Gonçalves. *Vibrações*. Disponível em: <http://www.producao.ufrgs.br/arquivos/disciplinas/385_Vibracoes_grad.pdf>. Acesso em: 09 jan.2009.

AMERICAN CONFERENCE OF GOVERNAMENTAL INDUSTRIAL HYGIENISTS — ACGIH, 2003 e 2005

BRASIL. Decreto n. 93.413, de 15 de outubro de 1986 — Promulga a convenção n. 148 sobre a proteção dos trabalhadores contra os riscos profissionais devidos à contaminação do ar, ao ruído e às vibrações no local de trabalho, Brasília, out. 1986

BS 8800. *Gudeto Occupacional Health and Safety Management Systems*, 1996.

COSTA, Armando Casimiro; FERRARI, Irany; MARTINS, Melchíades Rodrigues. *Consolidação das Leis do Trabalho* — CLT. 29. ed. São Paulo: LTr, 2002.

CUNHA, Irlon Ângelo da. *Exposição Ocupacional à Vibração em Mãos e Braços em Marmorarias no Município de São Paulo:* Proposição de Procedimento Alternativo de Medição — Tese (doutorado) Escola Politécnica da Universidade de São Paulo — Departamento de Engenharia de Minas e de Petróleo. São Paulo: 2006.

FERNANDES, João Candido. *Segurança nas vibrações sobre o corpo humano*, 2000.

FUNDACENTRO. *Curso para engenheiros de segurança*. V. 3. São Paulo, 1973.

GARCIA, Fulgencio. Monografías Técnicas sobre Seguridad y Salud en el Trabajo — Las Vibraciones Mecánicas en el Ambiente Laboral — Comunidad Autónoma de la Región de Murcia, Consejería de Trabajo y Política Social, Instituto de Seguridad y Salud Laboral — 2C" edición revisada — N. 4 — Diciembre de 2006.

GERGES, Samir N. Y. *Ruído*. Fundamentos e controles. 2. ed. 2000.

GOELZER, Berenice. *Avaliação de sobrecarga térmica no ambiente de trabalho* — ABPA. V. 2. São Paulo: Bernadino Ramazzini.

Guia técnico del REAL DECRETO 1311/2005 de 04 de noviembre sobre la protección de la salud y la Seguridad de los trabajadores frente a los riesgos derivados o que puedan derivarse de la exposición a vibraciones mecânicas — versión: 15.3.07.

Instructivo para la aplicación Del — D.S. n. 594/99 del minsal, título IV, párrafo 3º — agentes físicos — vibraciones.

INTERNACIONAL ORGANIZATION FOR STANDARDIZATION, Geneva — 550 2631/1. *Evaluation of human exposure to whole-body vibration.* Geneva, 1985.

INTERNACIONAL ORGANIZATION FOR STANDARDIZATION, Geneva — ISO 2631 — *Mechanical vibration and shock* — Evaluation of human exposure to whole-body vibration — Part I: General reginments. Geneva, 1997.

INTERNACIONAL ORGANIZATION FOR STANDARZATION, Geneva, 550 5349. *Mechanical vibration* — guidelines for the measurement and assessment of human exposure to hand transmitted vibration. Geneva, 1986.

Introdução à higiene ocupacional. São Paulo: FUNDACENTRO, 2001. LEIDEL, N. A. *et al. Occupational exposure sampling strategy manual.* NIOSH — Technical Information Report, march 1976.

MACEDO, Ricardo. *Manual de higiene do trabalho na indústria.* Lisboa: Fundação Calouste Gulbenkian, 1988.

OCCUPATIONAL HEALTH AND SAFETY ASSESSMENT SERIES — OSHAS 18001:1999

OIT. España. Ministerio de Trabajo y Asuntos Sociales. *Enciclopedia de salud y seguridad en el trabajo.* Madrid, SEAS, 2001 — Cap. 50 — Vibraciones.

ORGANIZAÇÃO INTERNACIONAL DO TRABALHO. *Enciclopédia de Salud y Seguridad del Trabajo.* Madrid, Ministerio do Trabalho y Seguridad Social, 1989, 3 vols.

PABLO, José Augel Fernando, *et al. Manual de higiene industrial.* Fundación Mafre, 1991.

SALIBA, Tuffi Messias; PAGANO, Sofia C. Reis Saliba. *Legislação de segurança, acidente do trabalho e saúde do trabalhador.* 5. ed. São Paulo: LTr, 2007.

SOARES, Luís. *Vibração no Corpo Humano* — WorkShop — LNEC — Bruel&Kjaer — Disponível em: <http://www.bkpt.com>. Acesso em: 05 jan. 2009.

VENDRAME, Antônio Carlos. *Vibrações Ocupacionais.* Disponível em: <http://www.higieneocupacional.com.br/download/vibracoes_vendrame.pdf>. Acesso em: 09 jan.2009.

WELLS ASTETE, Martin; GIAMPAOLI, Eduardo; ZIDAN, Leila Nadim. *Riscos físicos.* São Paulo: FUNDACENTRO, 1993.

XIMENES, Gilmar Machado — Universidade Federal Fluminense — Centro Tecnológico — Mestrado Profissional em Sistema de Gestão — *Gestão Ocupacional da Vibração no Corpo Humano Aspectos Técnicos e Legais Relacionados à Saúde e Segurança* — Niterói — 2006 — Disponível em: <http://www.inmetro.gov.br/producaointelectual/obras_intelectuais/179_obraIntelectual.pdf>. Acesso em: 05 jan. 2009.

Produção Gráfica e Editoração Eletrônica: RLUX
Projeto de capa: FABIO GIGLIO
Impressão: FORMA CERTA

LOJA VIRTUAL
www.ltr.com.br

E-BOOKS
www.ltr.com.br